身分社会

森永卓郎 × 深田萌絵

MORINAGA TAKURO　FUKADA MOE

かや書房

はじめに

森永卓郎

本書は、ユーチューブで行った私と深田萌絵さんの**「身分社会」に関する議論**を再構成、大幅に加筆、修正したものだ。

小泉構造改革以降、急速に進んだ格差拡大の背景には、身分によって処遇が大きく異なる理不尽な仕組みがある。もちろん、私は「結果の平等」を求めたことは一度もない。二倍稼いだ人は、二倍の報酬を受け取るべきだと思っている。私が許せないのは、同じ仕事をしているのに処遇が異なることだ。例えば、正社員と非正社員の間には、2倍以上の時給格差が存在する。それだけではない。正社員は福利厚生の一環として、テーマパークに招待されたりするが、非正社員はお呼びがかからなかったり、社員食堂の食券販売機で正社員のＩＤをかざすと自動的に割引になるのに、非正社員のＩＤは一切割引にならないといった細かい差別が会社には無数に存在する。

そうした**理不尽な差別は、正社員と非正社員間だけでなく、性別、学歴、人種、容姿な**

ど、**さまざまな属性ごとに発生**している。女だから低賃金、大学を出ていないから昇進させないといった類《たぐい》のことだ。

実は、多くの人が、私自身は、エリートコースをまい進してきたと思っているようだが、それは事実ではない。小学生時代の半分をアメリカ、オーストリア、スイスで過ごし、**猛烈な人種差別**に遭《あ》ってきた。社会に出てからも、専売公社では大蔵省の下僕として働き、その後異動した経済企画庁も、**主要ポストをすべて大蔵省に握られる「植民地」**だった。元財務官僚の髙橋洋一氏は私に、「森永さんはすごいよ。植民地からここまでよく這い上がってきた」と言った。褒められているのか、けなされているのかよく分からないが、エリートコースを歩んできたのではないことは間違いない。そして、最も長い職業人生を過ごしたシンクタンクでの仕事も、クライアントは中央官庁であり、そこで私はずっと官僚の命令に絶対服従し、官僚との格差に直面してきた。ただ、シンクタンクを辞めた今になって、ようやく私は、**自由にモノを言える立場を手にすることができた。這い上がることができた**のだ。

深田さんの人生は、もっと壮絶だ。非学歴、非正規の低賃金労働を経験しながら、一念発起して、一流大学で再び学ぶことで、キャリア転換に成功した。そのキャリアは、資本主義の権化である投資銀行にも及んでいる。そして、**深田さん自身も、世間に積極的に情報発信をできるところまで、這い上がっている。**

身分社会のなかでは、階級の壁を超えることは、容易ではない。だから、深田さんや私の経験は、世間から見たら非常に珍しいケースだと言えるだろう。しかし、だからこそ、**二人の経験を重ね合わせることで、これまで表に出てくることが少なかった身分社会の実態が浮かび上がってくる**だろう。

読者のみなさんには、ぜひ本書を通じてその実態を把握して、自らのキャリア設計を見直すきっかけにして欲しいのと、日本の理不尽な社会を見直すための第一歩を踏み出して欲しいと心から願っている。

身分社会

目次

装丁●冨田晃司

第1章 身分社会の最底辺にいた小学校時代

森永卓郎

〝うんこ君〟と呼ばれたアメリカでの小学校時代

森永　私がこれまでユーチューブで深田さんとお話をしていちばん興味深かったのが、深田さんが「非学歴」から「早稲田大学政治経済学部学歴」にジャンプアップされていることと、「非正規社員」から「ハゲタカ外資正社員」にジャンプアップされていることなんです。私も人生のなかで「植民地生活」を味わってきて、今があります。

要するに、**この社会には差別、あるいは「身分社会」があり、2人ともそれを体験してきている**ということです。

そこで、この本では、差別、あるいは現代の身分社会に関して、深田さんと**実体験をもとに**お話をしたいと考えています。

私はよく、社会主義者とか共産主義者と言われるのですが、「結果の平等を何が何でも守れ」と言っているわけではなく、2倍、稼いだ人は2倍もらえばよいと思っているんです。**私が許せないのは、「身分がある人」や「身分に守られている人」がロクに働いても**

いないくせに、「一生懸命、働いている庶民」の何倍も何十倍も稼いでいるという現実です。それが気に入らないんです。

深田　分かります。まさに政治家とかがそれに当てはまりますね。

森永　政治家もそう、官僚もそう。世界で見ると、強い国、アメリカなども当てはまるんです。いまから振り返ってみると、結局、私の人生とは、ずっと差別や身分社会との闘いだったんです。そこは、ある意味で深田さんと共通していると思うんですけれども。

深田　確かに、私も「負けたくない」と闘い続けた人生でした。

森永　私が最初に差別の洗礼を浴びたのが１９６４年。東京オリンピックの年に、日本人の海外渡航が自由化されたんですね。毎日新聞社に勤めていた父が、メディア向けの留学生試験に合格して、アメリカに行くことになったんです。そのときに、「家族も連れて行くぞ」と言って、私と弟と、それから母親も連れて、４人でアメリカのボストン、正確に言うと、ボストンとチャールズ・リバーという川を挟んだ反対側にケンブリッジという小さな町があるんですが、そこに飛行機で行ったんです。当時、まだプロペラ機でした。

深田　プロペラ機なんてもので飛んだんですか（笑）。

森永　そう。いったんハワイで降りたのかな。直接、アメリカ大陸まで飛べなくて、そのうえ、ひどく揺れて、実は私は、飛行機の中で大泣きしたんですよ。

深田　それは何歳頃だったんですか？

森永　小学校一年生になったばかり。大泣きして、当時、スチュワーデスさんと呼んでいたんですけれども、今でいう客室乗務員の方が困っちゃったわけですね。子どもが泣いていると周りに迷惑千万なわけですよ。

深田　そうですよね。

森永　それで、私を黙らせるためにどうしたかというと、私をコックピットに連れていって、機長席に座らせて、操縦かんを握らせてくれた。もちろん、副操縦士がいるので、本当の操縦は副操縦士がやっているんですけれど。私は、もうそれでご機嫌になってしまいました。

深田　すごいサービスですね。今だとあり得ないですよね。

森永　今だったら即刻、みんな、逮捕ですよね。

深田　そりゃ、そうですよ。

森永　アメリカに行って、お金がなかったんで、私は、現地の公立小学校にそのまんま入れられたんです。

深田　え！　日本人学校ではなくてですか？　アメリカの公立小学校には、日本語教育はないですよね。

森永　もちろん、そういうものはないです。それよりも、**そこで「アメリカにおいて日本人というのがどういう位置付けになっているのか」ということを骨の髄まで叩き込まれました。**まだ「リメンバー・パールハーバー」の頃だったのと、子どもには忖度《そんたく》しないという両方の要因があるんですが、最初にショックを受けたのは、トイレなんです。

日本では学校のトイレの大きいほうをするほうにトイレットペーパーが備え付けてありますが、アメリカでは置いてないんですよ。それはヨーロッパも同じ。大きいほうをするときには、「教室の備品棚にあるトイレットペーパーがほしい」と先生に言って、それを抱えていく。しかも学校で大きいほうをすると、みんなからバカにされるというのは世界共通なんですよ。

深田　確かに男の子は男子トイレで個室に入ると、別の男子に上から覗きこまれて「あいつ、う○こしてたー」とか囃《はや》し立てられますよね。

森永　私は英語がまだしゃべれないわけです。でも便意は催してくるわけですよ。

深田　どうしたんですか？

森永　しょうがないんで、授業中に教壇のほうに走っていって、先生の前でうんちをするポーズをしました。先生はすぐそれを理解してトイレットペーパーをくれたんですけれども、翌日から私のあだ名は〝うんこ〟になりました。

深田 あはは。そりゃ酷い！

森永 子ども同士ですから、みんなが人の気持ちも理解しないで面白がって、私は学校では、ずっと〝うんこ〟と呼ばれるようになったんです。

深田 日本にもいましたね。学校で〝うんこ君〟って呼ばれてる子。

森永 あははは。世界共通ですね。私も、もうずっと〝うんこ〟。

深田 英語で〝プー君〟ですか。

森永 大人の言葉ではプーなんですが、子どもたちの間ではもうちょっと下品な言い方があって、その言葉自体はもう、忘れてしまったんですが。

それ以外にも、子ども社会は残酷でした。いちばんショックだったのは、〝鬼ごっこ〟でした。〝鬼ごっこ〟という子どもの遊びはアメリカにもあって、一人鬼を決めて、わーっと逃げて、捕まった子が次の鬼になるわけですね。ところが、私だけ捕まっても鬼にならないんです。

その理由は数日して分かったんです。**黄色人種は人間ではないんですよよ。人間ではない**

から鬼になれないんです。〝鬼ごっこ〟は人間が鬼になるゲームですから、人間ではないヤツは鬼になれない。全てにわたり、私はそういう扱いでした。もうしょっちゅう、取っ組み合いの大喧嘩をしてましたね。

深田　しかし日本人はアメリカの方より体が小さいので、取っ組み合いの喧嘩といっても勝てませんよね。

森永　もうずっと、負けていました。それをいまだに引きずっているという人生ですかね。やってもやっても負けるんだけれど、ただ、「やられても負けない、諦めないぞ」というトレーニングは、そこで行いました。

深田　絶対に諦めないというメンタリティーが、そこで培われたということなんですね。

森永　はい。だからそこから進歩していないといえば、全然、進歩していないんですが。

日本に帰ってくると、デブだといじめられた

森永　日本にいたときは貧しかったですね。当時は私の家だけではなくて、日本全体が貧

しかったんです。都営アパートに住んでいました。

深田　都営アパート？

森永　公営住宅ですね。

深田　今のURみたいなものですか？

森永　今のURは公団住宅なんで、都営アパートよりも、もうちょっと上なんです。日本にいたときは、もっと所得基準が厳しい所に小学校6年生が終わるまでずっと住んでたんですよ。父親に言わせると、「うちが収入が低かった事実はない」ということなんですが、実際、貧乏でした。いまから振り返ると、当時、アメリカに行くということはすごくお金がかかったんですよ。

深田　しかも相当円安の時代ですよね。でも、海外赴任なら家族の分まで会社が費用を持ってくれるのではないですか？

森永　留学生なんだから家族の分なんか出るはずがないじゃないですか。だから親父は家族を一緒に連れて行くために、莫大な借金をつくったんだろうなと思うんです。

深田　子どもをアメリカの学校に行かせるのは、お父さまなりの英才教育だったんですね。

森永　この年になって考えてみても、父親が何を考えていたのかは、よく分からないんです。

ただ、当時、ビフテキと呼んでいたんですけれど、ビーフステーキとか、ハーゲンダッツみたいな乳脂肪分のちゃんと入っているアイスクリームは、日本で暮らしているなかでは、想像上の食べ物でした。少なくとも私の身の回りに存在していませんでした。もちろん、食べたこともありませんでした。

深田　当時の日本人にとっては、架空の食べ物に等しかったわけですね。

森永　ところがアメリカに行ったら、ビーフステーキは高給なものは高いんですけれども、わらじみたいに硬いのは安いんですよ。アイスクリームも安い。アイスクリームなんか2キロとかのブロックで売っていたから、毎日、食べていたんです。その結果、1年足らずで、ものすごく太ったんですね。すごくデブになって、小学校二年生のときに日本に帰ってきたんです。**日本では、まずデブであることと、それから日本語がロクにしゃべれないということで、またいじめられました。**

深田　あちらでもいじめられ、こちらでもいじめられ、壮絶な子ども時代だったんですね。

森永　しかも、**運動能力が低い**。これらのことで、もう格好のいじめの対象になりました。私は東京で同じ小学校に、一年生で入学したときと、アメリカから帰ってきたとき、それからヨーロッパから帰ってきたときと、**3回、入学しているんですが、毎回、いじめられ**

ていました。

ウィーンのいじめは陰湿で、一人も友達ができなかった

深田　いじめの味は国によって、どう違ったのですか？

森永　アメリカは割とストレートに暴力的なんです。**いちばん、陰湿だったのが、オーストリアのウィーン**でした。

深田　一般的には、ウィーンには陰湿なイメージはありませんね。

森永　ウィーンに行くと、たいていの人は、「音楽の都で、街が綺麗で、文化が素敵で、ザッハトルテが美味しくて」などと言います。しかし、批判されるかもしれないのですが、私の経験からあえて言うと、ウィーンの人たちは京都人を１００倍、閉鎖的にしたような感じなんですよ。

深田　京都よりもですか！　意外です。（京都の方、ごめんなさい‼　ペコリ）

森永　遠回しに当てこすりを言うんですね。私の同僚が京都に転勤して、近所にあいさつ

回りに行ったときに、「新参者なんですけれども、よろしくお願いします」と言うと、「うちも戦後に来たんで同じようなもんですから」と言われたんです。だから「太平洋戦争の後ですか？」と聞いたら、「いえ、応仁の乱どす」と。

深田　あはは。分かります。私も短大が京都で奈良から通いましたが、「御所に近いほど上位カースト」、「応仁の乱より後に来た人は新参者」という文化には驚きました。

森永　そんな態度を１００倍、閉鎖的にしたのがオーストリアの、特にウィーンの人たちなんですよ。日本人には英語ができない人も多いんですけれど、ドイツ語ができない人はもっと多いんです。だから、そのウィーンの人が使う微妙な当てこすり、皮肉みたいなのが分からなくて、さらに差別される。大人はそうですが、子どもたちは、もう少し緩いと言うか、もう少しストレートないじめの球を投げてくるので、１年近くいたんですけれども、一人も友達はできなかったですね、

深田　すごいですね。私が京都の短大に通っていたときには、確かにものすごく閉鎖的ではあるんですけれど､それでも表面的な友達が､多少はできました。しかし実は､裏でずーっと悪口を言われていたと聞いています（笑）。森永先生が一人も友達ができないなんて、ウィーンは、凄まじいほど閉鎖的ですね。

森永　はい、全然です。私は京都でも失敗しました。実は京都の大学で、単発に近いんですが、非常勤の講師みたいなことをしていたことがありました。そこで「関西人はね」という話を京都と大阪を混ぜてしたら、もう教室全部の学生から総スカンを食らいました。

深田　私は、奈良県民なんですけれど、京都、大阪、奈良、神戸は微妙に違うんです。

森永　そのあたりは、京都の人にはすごくプライドがあって、自分たちがいちばん、優れていると思っているんですね。

深田　確かに、京都の人は奈良県民より、ずっとプライドが高いです。

森永　ウィーンも、京都と一緒なんですよね。だから本当に友達ができなくて、しかも寒かった。唯一良かったのは、ウィーンに行ったときには、父親がウィーン支局長という役職に就いていて、当時はまだよい時代で、日本の給料と海外の給料をダブルでもらえたことですね。

深田　それはよかった。

森永　お金持ちになったうえに、現地でスタッフを雇う経費ももらえたんです。

深田　なんとゴージャスですね。

森永　だから三重に給料がもらえたんですよ。

深田　経費はもらっても、スタッフを雇えば、出ていってしまうのではないですか

森永　違うんです。本当はスタッフを雇わないといけないんですけれども、毎日新聞社ウィーン支局のスタッフは、私だったんです。子ども特派員みたいになっていたんです。

深田　だから三重に給料がもらえたわけですね。当時は、子ども特派員としてドイツ語で対応されていたんですか？

森永　少しは話せました。ところがある日、東京本社からテレックスが入ってきたんです。テレックスを読んだら、「ウィーン支局を廃止する。ついては、父を**ジュネーブ支局長にするので、転勤しろ**」と書いてあるわけですよ。それで一度も日本に帰ることなく、ウィーンからジュネーブに異動することになりました。

私は当時、横長のランドセルを使っていて、その中から世界地図帳を出してきて、「ジュネーブは何語を話しているんだろう？」と不安な気持ちでじっとジュネーブのあたりを見つめていました。ウィーンに来たときにはドイツ語で苦労をしましたが、「ジュネーブ：フランス語」と書いてありました。

深田　うわー、強烈！　子どもの頃にアメリカで英語を学び、日本語もおろそかになって日本に帰って、ウィーンでドイツ語を学び、明日からジュネーブへ行け。滅茶苦茶ですね。

森永　頑張ってドイツ語がようやくしゃべれるようになったところで、ジュネーブです。フランス語です。これは私の、多分、人生最大の挫折……。

深田　あはは。

森永　「ばかやろうと。毎日新聞社を殴ってやろうか」と真剣に思いましたね。

ジュネーブでは黄色人種の日本人は最低ランク

深田　ジュネーブでの生活はどうだったんですか？

森永　ジュネーブには、表向きは1年しかいなかったことになっているんです。1年以上いると税金がかかりますから。最後の1カ月ほどは、日本への帰国が決まっていたので、家族でジプシーみたいにいろいろなホテルを転々としていました。ただ、海外居住のなかでいちばん期間が長かったので、フランス語は、ほかの言語と比べて、もっとも話せるようになりました。友達もできて、日本から帰ってきてからも、しばらくは文通してたんですけれど、それも次第にフェードアウトしました。それでフランス語も使えなくなりました。言葉って使わないとどんどん……。

深田　忘れますね。

森永　忘れて、完璧に消えるんですよ。一度、大人になってからジュネーブ時代に住んでいた家を訪ねてみようと思って、アベニュー・ド・ミルモン・トレーズ・ビスという住所だけは覚えてたんで、行ってみました。行きは行けたんですけれど、帰りにどのバスに乗ってきたのか分からなくなって、歩いている人に道を聞いたんです。そのとき、もうフランス語を話せなくなっているから、**英語で訊いたら、全員に無視されました**。

深田　英語を話してはくれないんですか！　ジュネーブも閉鎖的なんですね。

森永　そんなには遠くなかったのに、夜遅くなってようやくホテルにたどり着くみたいな感じで、へとへとになりました。道を訊いても、教えてもらえないことも差別の一環だったのかもしれませんね。

小学校時代は、ありとあらゆるいじめを受けて過ごしたという感じでした。

深田　**スクールカースト、底辺**ですね。

森永　もう底辺、最底辺。

深田　原因は何でしたか？

森永　**黄色人種だったことです。日本人にはなかなか実感として分からないと思うんですけれど、あえて言うと、欧米の人は白人が上にいて、その下に黒人がいるんです。さらに、その下に黄色人種がいる**んです。つまり、われわれは最低ランク。

深田　白人社会におけるアジア人の処遇とは、そんなものですよね。

森永　そう。ジュネーブのときに、私と一緒に転入してきたのがチェコから来たヤツだったんですけれども、最初は二人ともフランス語をしゃべれないし、同じような扱いだったんです。けれどもしばらくして「扱いが全然、違うんだ」というのが分かりました。結局、チェコの人は白人なんですよ。だから黄色人種の私とは、全く、身分が違うんですよね。

深田　分かります。私もイギリスの会社に勤めていて、ロンドンに世界中から新卒が集まるジョブトレーニングで行っている間は、**白人、黒人、アジア人の序列で、英語が上手い金持ち中国人の子どもは優遇され、英語が下手な日本人の貧乏人はカースト最下層で奴隷扱い**でした。

森永　そこのところをなんか、勘違いしている日本人が実はすごく多くて。

深田　多いですね。欧米社会のほうが日本よりも人種差別も男女差別もない平等な社会なんだという幻想を抱いている人が……。

森永　一応、大人になると分別も出てくるから、露骨な差別ってしてこないんですけれど、心の中ではものすごい差別意識を持っているんですよ。

深田　いや、本当にイギリスも同じですよ。京都は人種差別までしません。英国企業で受けた人種差別、白人の優越意識、陰湿な苛めは、ひどいなと、自然に思うようになりました。

森永　私、めったに人と酒を飲むことはないんですけれども、日本の大学で教えているアメリカ人の教授と２人で酒を飲んだことがあるんですね。

かなり酔っ払って、彼が私にこう訊いてきたんですよ。「森永君、アメリカのディズニーランドでベトナム難民の家族が楽しそうにランチを食べているのを見た僕が、心の中でどう思うか分かるかね？」と。私が、「ベトナム人もミッキーが好きなんだと思うんじゃないですか」と言ったら、「おまえ、あほちゃうか。本当は心の中で俺は、『ディズニーランドというのは、白人のための施設なんだぞ。そこに黄色人種のおまえらが入ってきて、何、楽しそうなことやってんだよ！』と思っているんだ。だけど、そんなことをおくびにでも出したら、アメリカ社会では生きていけないから、それをぐっと押さえ込んでいる。これが大人の生き方なんだ」と答えたんです。私は、「なんだ、**小学校のときのアメリカ人から全く、進化してないじゃないか**」とがっかりしました。

その思いをもう一度、思い出させてくれたのがドナルド・トランプだったわけですよ。彼は、もう本当に差別意識の塊ですからね。アメリカ人さえよければよい。

民族が異なると、理解し合うのは難しい

深田　アメリカには様々な人種の人たちが住んでいるので、激しく衝突しますよね。ただ、逆に人種差別がかなりひどかった時代も長かったので、リベラルが強くなり、今やアメリカ人が本音を言えないくらいになっています。ある地区の治安悪化は不法移民のせいだということが事実なのに、憚《はばか》られるので言えない。スタバで、有色人種がコーヒーを買わずに、席を陣取って長居しても、「出て行け」と言えば差別やヘイトとして非難されるので店員は追い出すこともできない。

ですから、アメリカ人にとってもフラストレーションがすごいんですよ。やっぱり、**お互いを理解し合うのはなかなか難しい。日本も今、移民が増加しているので、そういう文化の違いとかでフラストレーションを感じている人が増えている**と思います。

森永　国は、「育成就労を認めてどんどん外国に門戸を開くんだ」と言っていますが、そんなことをしたら日本の経済も社会も、非常に大変なことになるだろうと、私は思います。

深田　私もそう思います。

森永　やはり、日本人の中にも、「アジアの人」を差別するという心は残っています。それを残しながら、どんどん門戸を開くと大変なことになる。

今、ヨーロッパでも、「自分たちの給料が上がらないのは外国人のせいだ」というので、極右政党を中心にとてつもなく盛り上がっているわけですよね。私は自分がひどい目に遭ったんで、なるべく差別の意識を持たないように誰よりも気をつけています。

ただ、最近、日本人と外国人は、やっぱり違うんだな、という体験をしました。

実は私はがんになってから、しばらく入院している間に筋力が落ちてしまったので、今、まともに歩けないんですよ。数百メートル歩くのが限界ぐらいなんです。

だから電車に乗るときも、立ったまま東京に来ることが不可能に近いんですね。そこで前日の夜に、電車が空いている、東京に向かう逆方向の電車の優先席に座って上京するということをしているんです。

私は、ヘルプマークも付けているし、杖《つえ》も突いているわけですよ。東京までは、日本人の健常者は普通の席に座っていて、優先席は空いているんです。ところが東京に入ると、外国人でいっぱいで、この人たちが勝手に優先席を占拠するわけです。一応、英語でも「優先席」と表記してあるから、「ここは弱っている人を優先する席なんだ」というのを分かっているんだとは思うんですけれども、彼らは完全無視なんです。

私がよたよたして、ひっくり返りそうになっても絶対に席を譲ってくれないんですね。

差別するのは自分でも嫌なんですけれど、私の心の奥底にも、そこでむかつくという気持ちは正直に言って、あるんですね。

深田　マナーが違うんですね。

森永　そうなんです。**マナーの基準が、おそらく、国によって違う**んですよ。

深田　そうですよね。移民を受け入れるときに、国がルールをきちんと決めて、お互いにストレスを感じないように、ちゃんとルールづける。シンガポールみたいに、「**ルールを破ったら自分の国に帰りなさい**」ということをきちんとやっていれば、恐らくこんなに民族の違いでぶつかるということはないと思うんですけれど。

そういうことが徹底されていないので、「差別してはいけない」とは言われても、「マナーを守ってないじゃないか」ということでフラストレーションがたまって、それが表面に出てくるときに、差別的表現になってしまうということがあります。私は、そういう日本政府の中途半端な対応が本当に残念なことだなと、思うんですよ。

森永　そうなんですよ。

深田　その原因は政治がつくってますよ、間違いなく。

森永　私は、世界に国境を開いていろいろな人たちが同じ条件でみんな仲良くできるという、**インテグレーション（統合）ができる社会が理想だとは本当は思っています。ところが、それを実行するにはとてつもない時間が必要**です。先ほどアメリカ人の例で話しましたが、私が60年前に経験したところから、アメリカは、ほとんど進歩してないのですから。

深田　現実問題として各民族が受け継ぐ文化には染みついているものもあるので、一体化は難しいと思います。私も同じようなことを経験しているので、多分、何千年経っても変わらないんだと思いますよ。

森永　もしかしたら、そうかもしれないですね。

深田　老子の『道徳経』の中の言葉に、「外国とは遠くにあって思うものであって、近くに行ってはいけない」ということが書いてあったんです。何千年も前にそういうふうに書かれているということは、そこに何らかの真理があるのかなと。

森永　私もそう思います。例えば、イギリスに行って人間関係を見ていると、インド人はイギリス人に引け目を感じている。**イギリスは、もともと宗主国だったというか、インドはイギリスの植民地だったわけですよね。そのときの力関係というのを、いまだに引きずっている**というのはありますよね。

深田　インド人はイギリス人に弱いんです。だけど数学ができないアメリカ人に対しては、ものすごい上から目線になるんですよ（笑）。

森永　あははは。確かにね。アメリカ人は算数ができないんですよ。私は、もともと頭が理系だったんで、小学校1年生で九九ができたんですね。掛け算ができた。

アメリカ人は私を差別しているくせに、掛け算をやったら、「こいつ、ミラクルを起こした」と驚きました。アメリカ人のバカなところっていうのは、九九を超えて掛け算が存在するんですよ。日本は8×9＝72、9×9＝81で終わるじゃないですか。アメリカ人は、その後、9×10＝90、9×11＝99、9×12はと、無限に覚えようとするから、一つも覚えられない。バカなんだな。あはは。

深田　無限に覚えようとするんですか。

森永　そう。アメリカには、九九の表がないんです。

深田　九九だけ覚えておけば後は、ということではないんですね。
森永　そういう教育のせいか、アメリカ人はいまだに数字に弱いんです。

見た目、頭脳、運動能力、金がスクールカーストの基本

深田　スクールカーストという言葉が一時流行りましたが、子どもの社会には、基本的に分かりやすい指標で身分ができてきますよね。親が金持ちかとか、顔がかわいい、かっこいい、足が速い、スポーツができるとか、頭が良い、みたいな。
森永　そう、そう。
深田　**金、見た目、運動能力、頭脳**みたいな。
森永　そうなんです。まさにそのとおりで、小学校6年生のときまで、私は日本の小学校には半分も行ってないわけですよ。だから、特に歴史なんか全く勉強してないから、みっともない話ですけど、徳川家康の存在を知ったのは、私が大学に入ってからですからね。
　特に小学校のときは、クラスでビリから2番目をずっと走ってて、通信簿は1と2ばっ

かりだったんですよ。もう本当にできない子でした。しかもアメリカとヨーロッパで闘わないと生き残っていけないという生き方を身につけちゃっているから、先生の言うことを素直に聞かないんですね。日本では、黙って先生の言うことを聞いている子がよい子だから。

深田 そうですね。成績じゃなくて、先生がつくったルールどおりに生きていける大人しい子が優等生です。

森永 でも欧米は、黙っている生徒は評価されないんですよ、闘わないといけない。だから日本でも闘い続けて、もうどれだけ教室の外で立たされたか分からない。デブで運動はできない、勉強もできない、見た目も良くない、家も大して金がないというので、もう格好のいじめのターゲットなので、ずっと闘い続けてきました。

深田 いや、でも本当に、それは今も全く同じ構造だと思いますよ。多分、身分社会の基準は、見た目、頭脳、運動能力、金。それらは人間の本能に埋め込まれているのかな、というぐらい、差別の基本。その基本の部分からストレートに身分ができてくるのがスクールカーストですよね。

第2章 カーストのない仏教幼稚園とカーストが凄まじい公立小学校

深田萌絵

ノロマで多動、あだ名は「ガイジ」

深田　私の場合も、不幸は小学校から始まりました。
幼稚園は私立だったので、クラスメイトは自営業者の子どもたちが多かったんです。クラスの女の子たちは、バレエとピアノに通っていて、習い事の教室でもよく顔を合わせるという感じでした。私の場合は、ピアノの代わりにエレクトーンでしたが。

森永　ピアノよりワンランク落ちるという感じですね。

深田　そうなんですよ（笑）。私は、ものすごくストレスを感じやすい子どもで、すぐに泣く子でした。早く、泣かない子になりたい、動揺しない子になりたいと思っていました。仏教系の幼稚園だったこともあって、幼稚園にお釈迦様の逸話にまつわる本がけっこうあったんです。4歳の頃から、「何事にも動じない。顔色一つ変えないお釈迦様」に憧れていました。作家の三浦じゅんさんが子どもの頃から仏教が大好きで仏像グッズを集めていた気持ちが分かります（笑）。私は「仏教」に対する憧れではなく、とにかく「冷静沈着」

なお釈迦様みたいになりたいと思っていました（笑）。

森永　私も仏教系の幼稚園だったのですが、そんな深いことは考えていませんでした。お墓で隠れんぼとかしていました。深田さんのほうが早熟だったということですね。

深田　5歳の頃には、弱い子をいじめる子の存在に疑問を抱いていましたね。「弱い者いじめをしてはいけない」と私たち人類は長い歴史で学んできたはずなのに、なぜこんな徳の低い子どもたちがいっぱいいるんだろうか、人類は劣化したのかと悩んでいました（笑）。

森永　やはり、早熟ですね。

深田　幼稚園は比較的平和だったのですが、公立の小学校に入ってからガラリと変わりました。私の**学校のいじめは先生が主導していました。先生が叱ったり、バカにしたりする子というのは、そのうち子どもたちがそれを真似するようになる**んですよ。私も先生から叱られているうちにいじめの対象になりました。

森永　そうなんですね。

深田　たぶん、というか、間違いなく多動症だったんです。ずーっと机か椅子を揺すっていたんです。そうしないと落ち着かなかったんです。でも、授業中にガタガタされると、先生は落ち着きません。なので、小一のときに、先生がついに怒って「おまえはガイジか！」

と言って椅子から私を突き落としたんです。

森永 いまなら絶対に許されませんね。

深田 私のあだ名は「ガイジ」になりました（笑）。障害児の略です。

森永 私の「うんこ君」よりひどい。

深田 どっこいどっこいですよ！ いまでも天然ボケで人を驚かせるのですが、当時は何をやるのも超絶遅く、遅刻と忘れ物ばかり。体育は跳び箱三段も飛べない、毬《まり》付きも十回もできない、逆上がりが一回もできないくらいの**運動音痴**でした。先生は、一年生のときに跳び箱何段飛べましたか？

森永 跳び箱は一段も飛べなかったし、逆上がりは、いままでの人生で一回もできたことはありません。運動のできない子は、格好のいじめのターゲットになりますよね。

給食が食べられないと友達ができない

深田 そのうえ、給食が食べられませんでした。他の子は、給食の時間になると喜んで、ご飯をモリモリ食べているのに、私だけ全然食べられない。自分だけそう感じていたので しょうが、給食から変なにおいがしたんですよ（笑）。

食べないから片付けられない。そのうち先生が痺《しび》れを切らして、無理やり食べさせようと私の口にスプーンを突っ込んだんです。そうしたら、それまでに頑張って食べていたものを全部吐いちゃったんです。

森永　早熟なうえに、繊細なんですね。

深田　７歳の女児って平均で24キログラムくらいあるのに、当時の私は16・7キログラムしかないので同じ量が食べられるはずがないんです。先生は、私のゲロを浴びて懲《こ》りたのか、無理やり食べさせるのは諦めました。その代わり、食べ終わるまで遊んではいけないというルールを先生がつくったのが運の尽きでした。

森永　そうですか……。

深田　だから、昼休みが始まってクラスの子が皆で遊び始めて、５時間目の授業の５分前に先生に「片付けなさい」と言われるまで一人で、給食のトレイを前に座っていました。そこまで、「残さず食べる」ということに固執する日本の教育は変だったと思います。

ただでさえ、お友達ができないのに、昼休みに遊んだことがないまま三年生くらいまで

過ごしました。三年生の終わりくらいに、やっと体重が25キロになって、ついに給食を完食できるようになりました。

やはり給食って、24・5キロぐらいの体重の子の量なんですよ。だから、小さい子にまで同じ量を食べさせるのは明らかに間違いです。

森永　私の体験は真逆で、我が家は豊かではなかったので、給食のときにはいきなり全部食べてしまって、いち早く「お代わり」の列に並んでいました。背は小さかったのですが、体重はクラスでトップクラスのデブでしたから。

深田　給食が食べられたのは羨ましいです。私は、小一から三年間、お昼休みに誰とも話さずにジーっと座っていたので、急に給食が完食できるようになっても、女子としては精神的に未熟なままでした。四年生になって、昼休みに女子とお喋りしようとしても話題には全くついていけませんでした。女子の間では、「誰が顔が良くて」、「誰が頭が良くて」、「誰がお金持ちで」、「なんていうブランドの服を着ていて」という話に終始していました。要は、**10歳で先ほど森永先生がお話しされたスクールカースト階層化をつくるためのレーティングをしているん**ですよ。

森永　つまり、日本の場合は、「みんなと同じ」というのが、いちばん大切な価値になっていて、そこから外れると、差別の対象になる。特に下方向に外れているのが、差別の温床になるということですね。

深田　**仏教幼稚園だと、人を見た目や収入で差別をしてはいけないと習います。それどころか、お釈迦様は、カースト制度と闘ったわけ**ですよ。なので、教室の女子の話題には多くのカルチャーショックを受けましたね。「小学生にして、人間はここまで下世話になれるのか」と悩みました。そして、やはり人類は徳が低くなってきているのではないかと心配している小学生でした（笑）。

森永　すばらしい子どもですね。私は、そんなことは夢にも思いませんでした。仏教系幼稚園だと、クリスマスを祝わないで、花祭りでお釈迦様に甘茶をかけたりするのですが、私は「クリスマスもやれよ」と思っているほど、不謹慎な子どもだったのです。

ノート投げ捨て事件から教会へ

深田　10歳になったある日のこと、ノートを取るのが遅くて、「汚い字だな。こんなノートは要りませんね」と私のノートを先生に窓から校庭に投げ捨てられました。一人で校庭に出てノートを拾いに行くと、笑い声が聞こえるのでパッと上を見上げたんです。窓から大勢のクラス中の子たちがこちらをのぞき込んで、嘲笑《あざわら》っていたのが見えました。ゾッと背筋が寒くなりました。

その日から、ノートを取ることに恐怖を感じて、大人になるまで人前で字が書けなくなりました。ノートを取らなくなると、大変なんですよ。それまでほとんどの教科で成績が良かったのに、どんどん成績が下がっていくんですよ。

親に学校でいじめられているということを打ち明けられず、人生に絶望しました。徳を失った人間社会では、誰に相談したらいいのか分かりませんでした。そのときに思いついたのが、昔、兄がボーイズスカウトに入っていて、毎週日曜日に教会に通っていたことです。ちょうどテレビで、「大草原の小さな家」(ＮＨＫ)が放送されていて、皆が神父さんに悩み事を相談しているのを見ていたんです。「そうだ、お釈迦様はこの世にいなくても、神父さんは自分の話を聞いてくれるだろう」と期待しました。ある日の朝、意を決して、学校に行かずに、隣駅の教会まで歩いて行きました。そうしたら、教会の人は私のことを覚えていなくて、「親はどうしたんだ！」と言われて、追い返されてしまうんですよ。

そのとき、「弱い者を救おうとしない、徳を積むことを忘れた大人は信じてはいけない」と思いました。なぜ、そんなに徳にこだわった少女だったのかは分かりませんが（笑）。

森永　私も、小学六年生まで、おなじようないじめを受けていましたが、いま振り返ると、とても幸運だったのが、太田君という同級生がいて、彼が私の盾になってくれたんです。太田君は、スポーツ万能で、勉強もトップクラスでできて、彼の言うことは、クラス全体が耳を傾けざるを得ない。少なくとも太田君の目の前でのいじめは、なくなりました。彼はその後、弁護士さんになったので、私は「弁護士というのは、弱い人を守ってくれる神様のような存在だ」とずっと思っていたんですが、世の中に出てみると、悪徳弁護士も、そこそこいるんですよね。

深田　世の中、悪い弁護士だらけですよ！　先生はお友達がいて、ラッキーですね。私は当時、この成績のままでは社会で生き残れないと思っていました。ある日テレビで、作家と画家の姉妹を育てた芸能人がインタビューを受けていたんです。勉強ができない娘たちが社会に出ても生きていけるように、そのお父さんは「**勉強が嫌いなら、一日に一冊の本を読むか、一日に一枚の絵を描きなさい**」と教えるんです。そして、お姉さんは作家に、妹は画家になって生計を立てているという話でした。「あ、これだ！」と思いました。

そして、作家か画家として生きるために、一日に一冊の本を読み、一枚の絵を描き始めたんです。

森永　やはり早熟ですね。中学校に入学していじめからだいぶ解放された私は、ラジオの深夜放送にどっぷりと漬かり、よしだたくろうに夢中になってギターを弾き、歌い、一眼レフのカメラで写真を撮りまくりました。ただ、**そのときに夢中になったラジオや歌やカメラは、いまでも仕事として続けている**ので、感受性の強い時期の体験というのは、人を変えるのだと思います。

あだなは「変子」へと昇格

深田　中学校に入ると、環境がガラリと変わるので最初はいじめの対象ではなかったんです。ただ、そのころの私は、既に言葉と力の暴力にまみれた人間社会に疲れていて、ヘラヘラ笑っていじめられないように縮こまって過ごしていたんです。

森永　何かをきっかけにそれが変わったんですか。

深田　ある日、スクールカースト上層部のオシャレ女子たちが、オタク女子三人組をいじめていました。ところが、三人組の中の気の強い女の子が、他の子たちを庇《かば》って、嫌がらせに来る女の子に、果敢に反論していたんです。

「すごい子がいるな」と。「自分にはそんな勇気がないや」と思って、黙って見ていました。そうすると、その子が放課後、**「本当は君に庇って欲しかった」**と悲しそうに、私の耳元で小声で囁《ささや》いたんです。

ガツーンと殴られたような気持でした。プライドの高い子だから、他の子に聞かれたくなかったんでしょう。ただし、私からしたら大事件です。「こんなに気が強くて、闘い抜いた子がそんなことを思っていたの⁉」と。そして思い返すと、いつも自分は恐怖に駆られていて闘ったことがなかったなと、眠れぬ夜を過ごしたんです。

次の日の朝に出た結論は、**「私はバカで弱虫で、反論する頭脳も闘う勇気もないから、とりあえず共にいじめられよう」**と決めました。その子たちがいじめられた原因は、関西の学校なのに「標準語」を喋っていたことです。次の日の朝から、私は関西弁を捨てて「標準語」だけで話し始めると、親まで「なんで、そんな気持ち悪い言葉で喋んねん？」と驚いていました（笑）。

計算通り、彼女たちと一緒にいじめられる側に入り、あだ名は「変子」になりました。晴れ晴れしい気持ちでしたね。いじめる側に回ったり、見て見ぬフリをしたりして小さな罪を重ねるより、いじめられる側のほうがむしろ清々《すがすが》しいと思いました。そのいじめていたオシャレ女子は、その後、彼氏にフラれたストレスで、髪の毛が抜けて禿《は》げてしまいました。

森永 いじめられた子は、その後、自分はいじめをしなくなるか、逆にいじめる側に回るかどちらかだと思っていましたが、ともにいじめられる側につくという選択を初めて聞きました。その意味で、深田さんの対応は出色《しゅっしょく》だと思います。

深田 女子からのいじめは、悪口とか仲間外れ程度でしたが、男子からは殴る蹴るの物理的攻撃が酷かったんです。非力なので殴られても殴り返せないんです。でも、**殴られると一つの言葉が頭をよぎるんです。「ペンは剣よりも強し」という言葉**が、殴られたり蹴られたりするたびに、何度も何度も頭に浮かびました。「自分には殴り返す力はなくても、最後はペンで闘う人間になる」と、誓いました。

森永 なるほど、それがいまのお仕事につながるわけですね。

深田 ただ、精神的に持たないので、中三の時に「男の子のいない女子高に入れば、暴力はなく、きっと安全なはず」と思いついて、大阪の女子高へ行きました。

第3章 身分社会には特権階級がある

森永卓郎

中学時代に坂の上の特権階級を見た！

森永　中学に入学すると、大逆転が起こるんですね。私たち一家は、ずっと都営アパートに住んでいたんですが、東京都住宅供給公社が新宿区の下落合に格安の分譲住宅を供給したんですよ。大規模で360世帯ぐらいで、しかもそれが格安だったんです。3LDKで600万円しなかったのかな。そのため競争倍率が何百倍もあり、普通は当たらないんです。ところが、父の知り合いで、くじに必ず当たるという変な才能を持った人がいて、その人に願書を持ってきてもらって応募したら、当選したんですよ。

深田　その人、紹介してください！（笑）。

森永　もうびっくりで、結局、小学校卒業と同時に、新宿区下落合の公立中学校に転校したんです。小学校から中学校に変わるときは、いったん全てが、リセットして新しく始まるじゃないですか。そこで勉強を一から始めたら、いきなり成績がクラスでトップになったんですよ。

そうしたら以前は、毎日、朝から晩までいじめられてたのが、**すーっといじめが消えていったんですよね。**

深田　ああ、やっぱり、「体が弱い」とか「頭が弱い」と思われるといじめられるけれども、**「こいつは頭いいんだよな」と思うと、一目置かれる**ようになるんですよね。

森永　中学でも友達ができるようになって、仲良し4、5人グループの仲間で一緒に遊ぶようになったんです。ところが、そこで新しい身分社会を私は目撃することになるんです。ちょうど高田馬場から目白にかけてというのは、ずっと坂になってて、超高級住宅街。そこにキャリア官僚が住む公務員住宅があるんです。そこに住む警察官僚の息子が新しい友達の一人だったんです。

深田　閑静な高級住宅街として有名なところですね。

森永　そう。最もよい場所に公務員住宅があるんですよ。

深田　いちばん上に、田中角栄の家がありますよね。

森永　田中角栄の家に陳情に行って追い返されたこともあります。

深田　すごい根性ですね（笑）。

森永　彼の家に遊びに行って何に驚いたのかというと、3DKだったと思うんですが、1

部屋が丸ごと床から天井まで、お中元とかお歳暮の付け届けでぎっしり埋まっているんです。何十どころではなく、何百という数。私はびっくりしました。生まれて初めての景色でした。ダイニングに箱を開けてあるのもあるわけですね。そうすると、人生で一度も食べたことのないカニの缶詰とかがちらっと見えて、私の感覚で言うと、ここに山積みになっている食料品だけで半年間は食べ続けられる量なんですよ。

深田　とんでもない付け届けの量ですね。

森永　しかもお中元を食べ終わったら、お歳暮が来ますから。

深田　一生食べるのに、困らないですよね。

森永　私、それまで人生でお中元、お歳暮が家に来たことは、多分数回しかなかったんですよ。「何だこれは⁉」と思いました。

深田　確かにそれは、すごいですね。でも今は森永先生ががんを公表したら、いろいろな人からお薬が何千って届いているそうじゃないですか。

森永　あの、お薬よりカニ缶のほうが……。

深田　ですよね（笑）。

森永　世の中はこんなふうな仕組みになっていると、初めて気づいたわけですね。

深田　缶詰で気が付いてしまった！　確かに、菅政権時代、地検に追われた銀座のフィクサーのオフィスでは、床から天井までお中元、お歳暮が山積みでした。私が行ったときに、「ツナ缶ください」って言ったら「おまえは猫か！」と叱られました（笑）。そこが官僚の接待もしていましたね。

森永　キャリア官僚の給料がすごく高いっていうことではないんですが。

深田　**官僚でだんだん上に上がっていくと、「お代官さま、よろしくお願いします」といろいろな人が高級品を持って来る**んですね。

森永　だからこの話をすると、「うちも公務員だけど、そんなの来ないぞ」とラジオのリスナーさんから、たくさんの批判を受けるんです。しかし、それはリスナーが普通の公務員だからです。普通の公務員のところには来ない。官僚というエリート中のエリートのところにだけ来る。

深田　事務次官クラスとかですか。

森永　えーとね、ここが実はものすごい身分社会になっていて、表向きはね、違わないようになっているんですけれども、かつては国家公務員上級職、その後、一種、今は総合職と呼ばれているんですが、**霞が関で働くことを前提に採用される人というのが年間で50**

0人ぐらいいて、この人たちはもう完全な特権階級なんです。

深田　そんなに違うんですか。

森永　**普通の公務員とは、もう天国と地獄ぐらい違う**。例えば出世でいうと、いちばん極端だったのが、旧大蔵省、今の財務省ですけれども、採用されて数年後、20代半ばで税務署長になるんです。署長ですよ。大体、30歳前後で、本省でいうと、課長補佐ぐらいになる。同じ大卒の公務員でも、ノンキャリアっていわれる普通の人は、定年まで真面目にきちんと仕事をして、定年間際に課長補佐になれるかどうかというぐらい出世のスピードが違うんです。

深田　でもやっぱり、社会を見ていると、企業が付け届けや接待をするのは、高級官僚系オンリーですものね。

森永　役所でいえばそうですね。ただ、だんだん分かってきたのは、官僚だけじゃなくて、**特権階級というのは他にもあるんだ**ということ。それが少しずつ、見えてきたんですよ。なぜかというと、私が住んでいた分譲住宅というのは普通の庶民が住んでるんですけれど、坂を上っていって目白にかけては、超大金持ち、富裕層がいっぱい住んでいて、そういう人たちがどういう種類の仕事をしているのかというのがだんだん分かってきたわけですよ。

深田　そうやって身分の違いを見て、そっちの身分の職業を目指そうとは思われなかったのですか？

森永　もう本当に思っちゃいましたね。

特権階級を目指し、医学部を受験したが……

森永　それで「医者だ！」と思ったんです。よく若い人で「資格さえ取ったら、その資格で一生安泰、食えるぞ」と思い込んでる人がいっぱいいるんですけれど、そんな資格はたった一つしかありません。唯一資格だけで飯が食えるのは、医者だけです。

深田　医者だけ……。

森永　もう**医者は絶対的な存在なんです。医療行為は医者にしかできない**。

深田　確かに、そうですね。

森永　医師優遇税制で、税金の面でも、ものすごく優遇されているわけ。

深田　えーっ！　税金まで安いんですか、お医者さんは……。

森永　そうです。例えば、小規模の診療所は、実際に支出した「実額経費」と一定の方法により計算した「概算経費」のうち、多いほうの金額を経費とすることが認められています。

深田　知らなかったです。

森永　税金も安いし、普通のサラリーマンは上司に反発して喧嘩すると会社を辞めて職探しをしなければいけません。しかし、お医者さんの資格を持っていれば、地方でもよければ、いくらでも仕事があるわけ。

深田　そうですよね。確かに。

森永　自分で開業するのも簡単だし、銀行もお医者さん相手だったら、簡単に貸してくれる。合コンでも……。

深田　合コンで、お医者さんはすごくモテるんですよね。

森永　そうなんです。医者が参加する合コンは、女性のほうが高い会費を払うんですよ。

深田　えーっ！　知らなかった‼

森永　普通の合コンは逆なんです。女性は安いけれど、男性はいっぱい払う。真逆なんです。多くの女性が医者と結婚したがる。女性がいっぱい集まって、医者の人数には限りがあるからだと思うんですが。

だから医者になったら一生安泰だぞと、私は、よこしまな心を持つようになったんです。

深田　今、全く、違うお仕事をされてますけれど。

森永　この夢は、実は、天誅を下されるんです。私は大学受験で、早稲田大学の理工学部と慶應義塾大学の経済学部と、それから東京大学理科二類、東京医科歯科大学と防衛医科大学校、この5つを受けたんです。もう担任の教師が、「おまえは何を考えているんだ。何の整合性も取れてない。こんなばかげた進学希望を出してきたのは、おまえが初めてだ」と、怒っていたんです。

実は、いろいろな事情があったんです。私は、生まれたのが東京都文京区の東大の農学部の前の家で、そこが母の実家だったんです。父親が東大で学んでいて、母の下宿屋に下宿したときに、そこの娘とできちゃったっていう——もう、とっても恥ずかしい経歴の下で生まれて。

深田　いいじゃないですか。ラブストーリー。

森永　いえいえ。だから、母親は自分の家の目の前が東大だし、夫も東大だから、東大への思い入れというのが、普通の人よりも半端じゃなく強かったんですね。で、もう、「東大を受けろ」と聞かないわけですよ。

ところが、私は医者になろうと思っていた。その解決策として、取りあえず東大に合格さえすれば母親は納得するだろうと考えたんです。それで、その裏で、「東京医科歯科大学へ行くぞ」と計画し、一応、滑り止めで防衛医大も受けておこうとしたんです。

代々木ゼミナールの模試では、防衛医大の合格確率は100パーセントでした。100パーセントって、なかなか出ないんですよ。でも、その100パーセントの防衛医大に私は落ちたんです。しかも、1次試験で落ちました。

深田　何があったんですか？

森永　分からないです。東京医科歯科大学も一発で落ちました。

深田　合格したのはどこだったんですか？

森永　早稲田大学の理工学部と慶應義塾大学の経済学部と東大の理科二類は合格しました。

深田　普通じゃあり得ないです！

森永　多分ですね、私は神様を信じてないんですけれど、**こんなヤツを医者にしてはいけないという神のおぼしめしがあったのでは**……と思ってしまいます。

深田　ああ、神様ねえ、おぼしめしはありますよね。

森永　実は、東大に入ってからも、医者になるという夢を捨てきれないで、一年生が終わったところで短期退学をして、千葉大学医学部を受けました。

深田　まだ未練があったんですか。

森永　そうです。

深田　東大のほうがいいですよ。

森永　もう未練たらしいヤツなんですよ。

深田　まあ、医者はモテますもんね。

森永　しかし、そこまでして受けた千葉大学医学部も落ちました。３連敗です。だから、やっぱり、こいつは医者にしてはいけないっていうことだったんだと思います。

深田　まあ、でも、東大生も合コンで十分モテますよね。

森永　全然、モテなかったですね。

深田　東大生はモテないんですか。

森永　モテないんです。モテる、モテないっていうことでいうと、私、東京都立の戸山高校で、校舎は明治通り沿いに建っているんですよ。そこに校門を並べる形で学習院の女子短期大学部と女子高校があるんです。学習院は戸山高校の奥にあるので、通学する学習院の女子生徒や学生を戸山高校の廊下から見ることができるんですが、**学習院に通っている**

子は、もう、みんなお嬢さま。だから、別の身分の方々なんですよ。

深田 あはは。そうですね。別の身分ですね。

森永 戸山高校の女子と、全く違うんですよ。

深田 もう見た目からして違う?

森永 違う。少し話しても、言葉も違う。朝、通学する彼女たちにわれわれは何をしていたかというと、ラブレターを書いて、中に小石を挟んで、ちょっと重しをつけて、好みの学習院の身分の高い女性のところへ投げつけるわけです。

深田 はい。

森永 そうするとですね、学習院の学校の先生が怒鳴り込んでくるわけですよ。その度に全校朝礼で戸山高校の校長に、「おまえら、何度言ったら分かるんだ。学習院に手を出すなって言っただろ!」とコテンパンに説教される。

深田 ああ。**身分違いの恋は許されない**(笑)。

森永 そう。だから、全く、相手にもされていませんでした。もう一つ、恨みを持っているのは、**麻布高校と開成高校という、これも良家の子どもたちが通う高校**があるんですけど。

深田 そうですね。

森永　彼らは、何故か制服のボタンが黒なんですよ。しかも彼らは、滅茶苦茶モているんです。

深田　確かにモテますね。

森永　何度もやっつけてやろうと思ってたんです。しかし、金も持っているんですけれど、頭もいいんですよ、あはは。勉強もできちゃうんですよ。

深田　あの人たち、頭もいいし、見た目も結構かっこいい人が多いですよね。やっぱ、いい家の子だから。

森永　だから、私、ずっと今でもイケメンと金持ちが大嫌いなんです。

深田　なんですか。ひがみじゃないですか、ただの。あはは。

森永　でも、**ひがみ人生が格差との闘いの原動力**になっていくんだから。

深田　ああ、いいですね。やっぱり原動力が必要ですよね。

森永　だから、「そういう身分の人たちを何とか同じ土俵に引きずり下ろしてやるぞ」というのが、私の人生です。

深田　今は**日本一の巨大カルト、財務省とも言論で闘っていらっしゃいます**ものね。

日本最大の特権階級・財務省と出合う

森永　財務省は役人のキャリアの身分の中で、最も強い権力を持っている。いちばんの敵なんです。

深田　確かに。最高権力者ですよね。

森永　なぜ**財務省が役人のなかでトップの権力者**だと分かったのか？　それには要因が二つあるんです。一つは、私は最初に就職したのが日本専売公社だったんですね。ここは、もともと大蔵省専売局という、大蔵省、つまり現在の財務省の一部局だったんです。

深田　今のＪＴですね。

森永　日本専売公社が民営化されてＪＴになったんです。

深田　日本専売公社は、何を売ってたんですか？

森永　私が就職したときは、もう、たばこと塩しか売ってなかったんですけれど、その前は樟脳《しょうのう》という、どう説明すればよいのかな。

深田　ありましたね。樟脳って。

森永　昔の防虫剤みたいなものを売ってたんですけれど。私の頃には、基本的にはたばこが95パーセントぐらいで、塩が5パーセントぐらい。そこで、私は最初の配属先が主計課といって、大蔵省から予算をもらってくる仕事をしていたんです。

深田　権力者じゃないですか。

森永　いえいえ。権力者は大蔵省です。もう私たちは、彼らに全面服従。

深田　全面服従ですか。

森永　だって、大蔵省から予算をもらわないと鉛筆1本も買えない会社ですから。

深田　ああ、なるほど。大変ですよね。

森永　だから、もう、例えば、予算編成期になると、主計局大蔵二係というところが担当部署だったんですが、その前で日本専売公社、つまり私と、あと大蔵省印刷局、大蔵省造幣局、この3社がずっと待っているんです。

廊下に椅子は置いてくれているんです。でも、めったに声は掛からないんですよ。待っている間は暇なので、隣の席の印刷局のヤツに、「あのさ、おまえの所でさ、お札つくってんだろ。切ってないやつでいいから、今度、1枚引っこ抜いてきてくれよ。俺、たばこ抜いてくるからさ、交換しようぜ」と話しました。すると、「森永さん、それはできません」と。「うちは紙幣を持ち出したら即刻懲戒免職ですから」。「切ってないやつ、半製品だからいいだろ」、「切ってなくても駄目なんです」。「もう印刷局、頭固いな」。

次は、「造幣局さあ、ちょっと傷があったり曲がっちゃったりしたのでいいからさ、今度コインを1カゴ持ってきてよ」と言うと、「森永さん、うちも貨幣の持ち出しは厳罰に処せられるんで駄目なんです」と。「もう、どいつもこいつも根性ないなとか」とか言って、造幣局に文句を言っていたら、造幣局のヤツがなんか、ちょっと傷ついたみたいで、干支の記念メダルみたいなものを、「森永さん、これお金じゃないんで、あげます」と持ってきたんです。

深田　金銭的価値はないけど、収集家としてはアリですね。

森永　なぜその3人が並んでるのか。大蔵省の主査という、まあ課長補佐なんですけれども、予算の査定作業をしているときに、要求書に分からないことがあると、彼が声を掛けてくるんです。部屋の中から「おい、森永！」って怒鳴るんですね。怒鳴られると2秒以内に駆けつけないと、逆鱗に触れるんです。

深田　えっ！　2秒ですか（笑）。

森永　2秒です。**2秒ルール**。だから、常に――。
深田　緊張しているという。
森永　緊張している。野球でいうと、ポジションについているショートみたいな感じで、すぐに動ける体勢を取っていないとヤバい。何でも主査さまの。
深田　言いなりで。
森永　言いなりです。別に偉いわけじゃないですよ。単に大蔵省の役人だというだけなんですけれども、みんな、その予算にペコペコする。

あんがカネでできていて、皮は女でできている

森永　で、実は、当時は、接待なんて当たり前の時代。
深田　ああ、ノーパンしゃぶしゃぶですか。
森永　ノーパンしゃぶしゃぶも、実は、私、ヤバかったんです。週刊誌のグラビアに「ノーパンしゃぶしゃぶ特集」っていうのがあった。

深田　「ノーパンしゃぶしゃぶ特集」とはすごいですね（笑）。

森永　出ていたんですよ。私はその週刊誌の相手をする仕事もしていたんで、それを書いた記者に言ったんです。「おまえさ、仕事だ、取材だと言っていて、本当はノーパンしゃぶしゃぶを楽しんでいるんじゃないの？」。そうしたら、「森永さん、行きたいんですか？」と訊く。そこで、「ボクは行ったことがないからね」と答えた。すると、「じゃあ、次回の取材、森永さんも連れていきますよ」と。それで「本当？　連れていってくれるの？　行く行く」と。

深田　「行く行く」って言っちゃったんですね。

森永　で、日程も決まってたんです。ところが、私が行く前の日、警察の手入れが入った。あれ、1日ずれてたら、私、捕まってたんですよ。

深田　危なかったですね。神様のおぼしめしでノーパンしゃぶしゃぶで捕まらなかった。

森永　あれは、銀行が大蔵省を接待するために、パンツをはいてない女性がいろいろサービスをしてくれて、それが下のガラスとかに映って興奮する仕組みだというふうに私は聞いていたんです。

しかし、これは、証拠はないんですけれども、事情に詳しい人によると、実はそうではなく顔見世興行で、官僚がやってきて、そこで気に入った女性をお持ち帰りＯＫ、つまり選ぶためのシステムだったそうです。

深田　そんなシステムになっていたんですか。当時は十代でしたが、「パンツはいてない女性を見て、男の人は何が楽しいんだろう？」と、そういう疑問は抱いていたんです。

やはり身分社会のなかで、大蔵省への付け届けとしては、お歳暮やお金だけではなく、女性まで。

森永　元財務官僚の髙橋洋一先生は、「**毒まんじゅうがバンバン飛んでくる**」とおっしゃっていました。で、毒まんじゅうっていうのは、〝あんがカネでできていて、皮は女でできている〟と。

深田　今では考えられない最低な時代ですね。確かに、ハニトラに掛かる人は、金にも弱いだろうと試されているんですね。

森永　もう時効だから言いますが、実は、その構造っていうのは、私は入社1年目で目の当たりにしていたんですよ。もう官官接待（地方自治体の公務員が、公費を使って中央官庁の官僚を接待すること）で大蔵官僚を接待するのは日常茶飯事だったんです。一度、渋谷円山町の花街で大蔵官僚を接待する席についていったんです。そうしたら、みんなで酒を飲んでいて、その隣に別の部屋があるんです。その別の部屋に布団が敷かれていて、若い女性が寝ているんです。

深田　えーっ！

森永　大蔵官僚は酒を飲んだ後、そっちの部屋に行くわけですよ。私は、まだ若気の至りで上司の課長代理に、「いいなあ、大蔵官僚は。あっちの部屋に行けるんですもんね」と呟いたら、課長代理が私にこう言ったんです。「森永、行きたいのか」、「行きたいですね」、「行ってもいいぞ。ただし、おまえは接待じゃないから自分でコストは払え。お金は払え」、「分かりました。あのー、いくら払えば隣の部屋に行けるんですか」と聞いたら、**30万円！**

深田　ひえー。

森永　今から44年前の30万円。

深田　えーと、オイルショックなどのインフレが始まる前のですか。

森永　オイルショックの後でした。１９８０年。

深田　でも、当時の初任給って。

森永　えーと、私が12万８０００円です。

深田　私の初任給より高い。それはそうですよね。はい（笑）。

森永　そういうことがいっぱいあるんです。例えば、**彼らが銀座で飲み食いをした後、請求書を専売公社に送ってくる**んです。

深田　えっ！

森永　それで、どうするかというと、私と私の仲間が飲み食いした形式にして、全部、請求書を処理する。特権階級、身分社会というのはこういうものなんです。

深田　**大蔵官僚の性欲と、領収書を一生懸命処理するのがお仕事**ですか。

森永　そうそう。

立場が変わると、誰でもミニ大蔵省になる可能性がある

森永　ただ、ちょっと一応、今では海より深く反省しているんですけれども、大蔵省から予算をもらってくるじゃないですか。そうすると、今度、それを分配するのは私なんです。

深田　その場合は、森永先生が特権階級。

森永　**工場とか支社に対しては、私がミニ大蔵省になる**わけです。

深田　そうですよねえ。

森永　反省しているんですよ。海より深く反省しているんですけれども、入社1年目の年

末だったかな、関東支社の予算課長が、「森永さん、忘年会をセットするんで、ぜひいらしてください」と声を掛けてきた。でも、私はミニ大蔵省ですから、そこでもう思い上がっているわけですよ。「ああ、いいよ、行ってやっても。でもさ、俺が行くんだったら、女を連れてこいよな」なんて答える。入社1年目の若造が。もう頭がおかしいでしょ。でも、その立場になると、もうそうなっちゃうんですよ。で、そこで、嫌々、予算課長に無理やり連れてこられたのが、予算課勤務だった今のうちのかみさん。

深田　あはは。のろけですか。

森永　のろけじゃなくて。いまだに、かみさんは「私は人身御供に出された」と言っています。

深田　上司を恨みますよね（笑）。

森永　だから、立場が変わると、人間はおかしくなっちゃうんです。

深田　分かります。

森永　**権力を握って、身分が上になると、変になる。しかし、「そういうのやめようよー」**というのが、今の私の思いなんです。

深田　分かりますよ。私も外資の金融機関勤めの頃は勘違いしてました。そういう恥ずかしい自分にはもう戻りたくないです。

第4章
非正規雇用という最下層

深田萌絵

ミッションスクールで般若心経

深田　女子高はミッションスクールを選びました。

森永　仏教からキリスト教に変わったんですね。

深田　なんでしょう。公立学校の下衆《げす》さに嫌気がさし、西大寺幼稚園が精神的なレベルが高くて良かったと潜在的に思っていたんでしょうね。堂本剛君も同じ幼稚園でしたが、彼も大人になってから西大寺幼稚園を懐かしむんです。彼にちょっと哲学的な部分があるのは、幼稚園教育で徳について学んだからだと思います。結局、**モラルを教えない教育環境ではいじめが強烈になる**と、無意識に自分のなかで仮説を立てて選んだのかもしれません。

森永　でもミッション系はキリスト教も学ばないといけないから大変でしょう。

深田　ミッションスクールDAY1は強烈でした。まず、教室で聖書が配られます。聖書を読むのは小学校低学年の日曜学校以来ですから「懐かしいな」と思って、それを持って入学式の体育館に入りました。ところが、最初に坊さんが数人出てきて、木魚を叩きながら般若心教を唱え始めて、内心「あれー⁉」となりました。

森永　それはびっくりですね。

深田　度肝を抜かれました。調べてみると、そこは寺の敷地内に建てられた学校で、持ち主から運営まで全部が寺だったんです。大阪らしさが出てますよね。たぶん、「仏教系女子高だと生徒が集まらないから、ミッションスクールにしてデザイナーズブランドで可愛い制服をつくって生徒を集めよう」という大阪商人マインドではないでしょうか。そのせいか、窓からの景色は全て墓でした（笑）。

森永　あらあら。ビジネス仏教ですか。

深田　商売繁盛は大阪の人の基本哲学ですからね。ただ、10歳の「教会追い出され事件」以降、宗教にあまり期待していなかったので、大人ってこんなもんかと思いました（笑）。

仏教系ミッションスクールで、奈良の西大寺幼稚園のように徳について学ぶことはなかったですね。やっぱり大阪の学校なので、毎時毎秒が吉本新喜劇です。例えば、国語の授業で芥川龍之介の『羅生門』を読み、先生が、「どうして主人公は最後に老婆の衣服をはぎ取ったのでしょうか？」と問題を出す。すると、女生徒がサッと手を挙げて「分かった！　そのオッサン、やりたかった！」とボケて、先生が「やりたないわ！　なんでババアとやりたいねん！　やりたいわけないやろ！」とツッコむという、偏差値最下層カーストの高校教育を受けました（笑）。

森永　すごい体験ですね。

深田　ただ、女の子だけなので暴力はなかったですね。女子のいじめは悪口を言う程度で、物理的攻撃まではしてこなかった。ただし、**目の前でしょっちゅう悪口を言われて**いました。

森永　それでどうしたんですか。

深田　相手の土俵に乗るのも面倒なので、スルーしてました。

森永　スルーというのは。

深田　完全に聞こえないフリをしました。敵の土俵に乗ってあげないという、何をされても無反応という戦略で、かわし続けました。そして、平和にオタクで集まって漫画を書いていました。

森永　私のオタク志向とある意味同じですね。

深田　サークルで同人誌即売会に出展とかしてました。ある日、赤字サークルを押し付けられて、それを根性で黒字化して、サークル会員費を無料にしたりして経営努力を重ねていました（笑）。

森永　すっかり大阪人ですね。

ルックスでランク付けするスクールカースト

深田　ただ、スクールカーストあるあるですが、オシャレで気の強い女子がグループをつくり、ダサいオタクグループをバカにしてました。私も、しょっちゅう美女からマウントを取られてました。ただ、「ダサい」とか言われても、あまり傷つかないんですよ。事実ですから（笑）。

女子の世界ではルックスが身分をつくります。男子はどうですか？

森永　男子も同じですね。結局、**イケメンの一人勝ち**。私はずっとキモイと言われていました。それは、いまでも変わりません。

深田　単なる顔じゃなくて、女性にとっての美人は「トータルプロデュース力《りょく》」なんです（笑）。

男性と違って、化粧したり、制服を改造したりして、ルックスは誤魔化せるんです。

顔面偏差値じゃなくて、オシャレ偏差値が同じくらいの子で集まるんですよ。ただ、美人が美人だけで徒党を組むのは仕方がない部分もあるんですよ。嫉妬深い子が嫌がらせをしに来ることもあるので、同レベルのルックス同士で、最初は嫉妬からの防衛のために集まるんです。ただ、そういう子たちには、見栄っ張りも多いので、服や化粧にお金をかけて、常に金欠なんです。

森永　それを考えると男子は楽ですね。

深田　当時はブルセラ全盛期でした。上位カーストの子の中には、援助交際していることを自慢する子もいました。そういうことをする子は慢性的にウソをつく、他人のモノを盗む、サボりぐせのある子が多かったんです。私もモノを盗まれました。

森永　何を盗られたんですか。

深田　盗まれたのは、なんと下着です。下着といってもタンクトップ。当時は「シュミーズ」と呼んでいたかも（笑）。昔は、体育の授業のとき、体操服の下にタンクトップを着てはいけないルールだったんです。体育の授業のあいだにタンクトップが消えていることがありました。犯人は、体育の授業をサボって教室に残っていた子しかいません。

森永　普通に考えたらそうですね。

深田　そういう子たちも、友達の下着は盗まないじゃないですか。だから、**友達と思っていない下層カーストの子の下着を盗んで**、ブルセラで転売するんです。なかには、放課後に繁華街を歩いてナンパやスカウト待ちしている子もいました。

森永　私は社会に出るまで女性と付き合ったことがなかったので、そうした世界とは無縁でしたね。

深田　低偏差値の女子高において、ブルセラ問題、ナンパされてホイホイついていく女生徒が続出するのは、学校の悩みだったようです。ある日、体育の先生が朝礼で、「町で『可愛いですね』と声を掛けられて、ついていくのは自意識過剰な女だけ。本当の美人は飽きるほど褒められているので、『カワイイ』とか『キレイ』なんて言われても喜びません。そんな言葉で喜ぶのは普段は褒められないのに『自分だって可愛いはず』と思い込んでいる自意識過剰な普通の顔の女だけです」と話し始めて、女生徒たちがドヨッとざわめきたちました。カースト底辺女子からすると、縁のない話なので「突然どうした?」みたいな感じですよ（笑）。

森永　私の高校では、絶対に出てこなかった話ですね。

深田　これは私見ですが、自分につけられた「値段」が自分の価値だと錯覚する子は親からの愛が足りていない子に多いと思います。自己評価が低いので、「自分につけられた値段」で自己評価が上がったかのように錯覚するみたいです。

森永　社会人男性でも、年収の高さを自己評価にしている人はたくさんいますからね。

深田　そうですね。やたら年収自慢をする人がいますね。上位カーストの女の子のなかには、自己評価を満たすために、男にいくら貢《みつ》いでもらったかを自慢してマウントを取り合う現象も見られます。女性として、男性から評価されるために見た目を意識し始めるんでしょうね。

森永　男は簡単に見た目に騙されますからね。

深田　私はアトピーだったので、眉毛も生えない、まぶたも顔も腫れあがっている。薬は塗れてもお化粧は塗れないので、そういうのとは縁のない子でした。

森永　つまりモテなかったと。

深田　全身アトピーで19歳のときに、2カ月間ほど高知の病院で入院みたいなことさせられたくらい酷かったんです。だから、十代の頃に男性から「可愛いね」なんて言われたことは一度もなかったです。退院する頃には、お肌がピカピカになって、急に男の人からチヤホヤされて驚きました。ただ、こちらとしては「**皮膚一枚で態度を変えるんだな**」と思っ

てシラケていました（笑）。

森永　男なんてそんなものですよ。

あだ名は「宇宙人」へ

深田　私は、森永先生みたいに勉強ができる子でもなくて、高校一年の期末試験で赤点を取りまくったあるときに転機が訪れるんです。三者面談で成績の悪さを先生に指摘されて、帰り道に母から「どうして勉強ができないの？　私はずーっと成績が良かったから理解できないわ」と言われました。私が「先生の話を聞いても分からない」と母に言うと、「先生の話なんか聞いても分かるわけないじゃない。テストの答えは全て教科書に書いてあるのよ」と言われて、「ええ！　学校で配っているあの本を読んでいる人がいるんだ！」と驚いたんです。

森永　私ですら高校の教科書は、ざっと読んでいましたよ。

深田　みんなが読んでいるということすら、気付いていなかったんです（笑）。そこで、母の言うとおり教科書を一夜漬けで覚えたら、数学以外は成績が跳ね上がったんです。数学は計算ができないので、教科書と問題集の問題の答えを全部丸暗記しました。答えを覚えておけば、配点が20点の文章題が必ず二問出てくるので最低40点、うまくいくと60点とか取れていました。

みんなに「数学のテスト、めちゃくちゃ早いよね！　どれだけ計算が早いの？」と聞かれましたが、「全てを暗記しているから早く書かないと忘れるだけだ」とは言えませんでした。

森永　私が子どもたちに「絶対にやってはいけない」と言い続けている勉強法ですけれど、それが効果を持ったということですね。

深田　そうなんです。点数が上がってくると、一目置かれてマウント女子は嫌がらせをしなくなってくるんですよ。私自身は、何も変わってないんですけどね（笑）。

カーストって、やっぱり**「ルックス」、「運動能力」、「頭の良さ」で決まるので、一つでも足元を固めるのは上位カーストからのマウント防衛策としてあり**なのかもしれません。

森永　それは男子でも同じですね。

深田　おかげで、あだ名は「変子」から「宇宙人」に変わりました。

森永　あはは。

深田　変人だといじめられますが、宇宙人になると、もう誰も近づいてこなくていいんです。

森永　あはは。

深田　ところが、私は根がお調子者なので、「一夜漬けでクラストップ、運次第では学年トップが取れるなら、もう授業中に勉強するのはやめよう！」と決めて、授業中はますます読書に耽《ふけ》りました。

森永　そして早稲田大学に行くんですか？

深田　いいえ、**美術系のFラン短大**に行きました。母が高三の夏に突然「高卒はダメ」と言うので、実力試験の結果を確認しました。出題範囲が限定されている学校の期末試験と違って、実力試験は範囲が広いので一夜漬けでは対応できませんでした。物理、生物、英語などは偏差値60台でしたが、それ以外は全然ダメでした。ただし、高三の夏から受験勉強の準備も面倒だなと思ったので、親友が行きたがっていた美術短大を受けたんです。同じ学校から7人受けて、画塾に通っていた子たちは全員落ちて、画塾に行ったこともない私だけが合格して恨まれました（笑）。

森永　そうなんですね。

深田　10歳の時にテレビで学んだ「作家になりたければ一日一冊の本を読み、画家になりたければ一枚の絵を描きなさい」という、作家と画家を育てた人の話を信じて実践したからかもしれませんね。**成功者の話は参考になります**。

片親、非正規女子という底辺

深田　短大を卒業してからが大変でした。私は**新卒だったのに、正社員になれなかったん**です。ちょうど両親の離婚が重なって、就職のタイミングを逃したんです。
森永　当時は、タイミングを逃すと取り返しがつかなかったですよね。
深田　私は、十代の頃、母親に反発していたのに加えて、父は料亭を経営していたので、そこで働く気だったので就活をしていませんでした。
森永　事業承継を意識していたんですね。
深田　そして、ある朝、父に「私、お父さんについていくからね」と言ったら、父が真顔で「おまえは母さんの子どもだから、母さんについていきなさい」と言って、どこかに行って何年も連絡がつきませんでした（笑）。

森永　当てが外れてしまった。

深田　父のところで働くつもりで就活をしていなかったので、完全に当てが外れました。

森永　そのお父さんは、なぜ離れていったんですか。

深田　家族のために身を粉にして働いていたのも事実なので、母に「離婚」と言われてショックだったのかも。いまでは父と時々会ってます！　このネタを昔、コラムで書いていたのを父も読んだみたいで、最近になって「俺は女にモテたが、いちばん好きだったのはお前の母さん。いちばん大事なのはお前たち娘だから再婚はしなかった」と話してくれました。母から離婚を言い渡されて拗《す》ねていただけで、彼なりに家族を愛してくれています。反省してくれたみたいだけど、再婚はしたほうがいいよと勧めました（笑）。

森永　でも娘たちを騒動に巻き込んでしまった。

深田　親も人間です。話し合うことで幸せになれます（笑）。ただし、両親が離婚した当時は大変でした。借金の担保に自宅まで抵当に入っていたので、就職よりも引っ越しが先決でした。

就活自体を始められたのがゴールデンウィーク明けからです。ところが、氷河期なうえに時期を逃したので、仕事がないんです。印刷会社から採用と言われて飛びつきましたが、働くまで自分が非正規だと分かっていませんでした。しかも、給料もきちんと確認していなかったので手取り12・5万円。

当時、**妹は高卒で大企業に採用されたんですが、妹のほうが各種手当、残業手当も付くから給料が高いうえにボーナスもしっかり出る**んですよ。そのうえ、福利厚生から有休まで取れます。この時に、**正規と非正規の格差**を知りました。

森永 待遇が倍くらい違いますからね。

深田 そうです！　とにかく母に渡す家賃が大変でした。私は、手取り12・5万円から家賃8・8万円を払っていました。光熱費を合わせてだいたい10万円を母に渡していたので、私の小遣いは月2・5万円。20歳の頃は、服は妹のおさがり、化粧は妹が使わなくなった500円のコンビニメイク、携帯電話すら持っていないので、もちろん彼氏もいませんでした（笑）。

森永 お金がないから、見た目の改善ができなかったんですね。

深田 無理です。「ダサいおばさん」と呼ばれていました（笑）。妹からは5万円を実家に入れてもらっていました。奈良はそこまで物価が高くないので生活はできましたが、15万円から家賃光熱費を引いたら４万円しか母の手元に残りません。服を買うような余裕はなかったんです。**母が「久しぶりに服を買ったの」と、２０００円のカーディガンを買って見せてくれたときには、「やっぱり、うちって貧乏なんだ！」**とショックを受けました。

森永　いきなり底辺を経験したんですね。いまの時代では、普通なんですけどね（笑）。

底辺からの脱出

深田　自分が稼ぎ頭になれるように成長しないと、母の老後を面倒見る分のお金が足りないと焦っていました。**キャリアアップのためにパソコンと英語の勉強を始めて、**手早く稼ぐために副業の道を模索しました。

森永　私も経済企画庁時代、バブル到来を唱えて、誰にも信じてもらえず、年収３００万円なのに無理をして所沢の家を買ったせいで、ローン返済後の手取りが６万円台に落ち込み、それが**原稿を書くという副業のきっかけ**になりました。

深田　本当は副業よりも投資がしたかったんですが、タネ銭がなかったんです。22歳の頃、インターネットオークションの**ヤフーオークション**がサービスを開始して、これが当時画期的だと話題になったんです。副業としてヤフオクを始めたら、うまくいきました。

森永　何を売ったんですか？

深田　服です。5万円くらいのワンピースを5000円で仕入れて売ってました。

森永　どこから仕入れていたんですか？

深田　その頃、読者モデルブームも重なっていて、そういう子たちが同年代だったんです。読モを目指す女の子たちは大量に服を買って、数回着たら、すぐに「萌絵ちゃん、買い取って」と持ってくるんですよ。貧乏でオシャレができなかったので、最初は「自分もオシャレになりたい」と思って買い取りました。ただ、もともと地味だったので華やかな服がどうしても着こなせず、泣く泣くヤフオクに出したら、5000円で買った服が2万円から3万円くらいで売れたんですよ。読モを目指すような子はオシャレだから、雑誌で人気の服を買っていたみたいです。そのうえ流行に敏感なので、飽きっぽく、数回着ただけなので高く売れるんですよ。そういう女の子たちと仲良くして、しばらく月に20万円から30万円を稼いでました。

森永　読者モデルはやらなかったんですか？

深田　撮影は数時間拘束で数千円ぐらいのギャラなのに、ブランドバッグや服は自前がほとんどというのが現実です。私の知っている読モデを目指している子たちは、平均数百万円くらいの借金を背負ってました。私は、有名になりたいと思ったこともないし、稼げない読モという仕事には興味がありませんでした。そもそも、ウエストが太い自分には向いてません。まず、みんなすごく細いんです。身長１６０センチの子で38キロから42キロくらいしかありません。私は身長１５５センチ、体重46キロだったので「太りすぎ」と認識されるような世界です。ダイエットは苦手だし、化粧も美容院も当時は大嫌いだったので、全く興味はありませんでした。

森永　一般の女性とは、そこら辺が大きく違っていたんですね。

深田　とにかく、派遣の仕事が終わったらヤフオクで売る服の買い取りに出かけ、帰宅してから服の写真を撮って出品して稼ぐということに情熱を燃やしていました。**早く、投資家になって金持ちになりたかったんです**。貯金が数百万円になったころで、ついにインターネットで投資を始めました。そして、投資のことや日々の何気ないことを綴《つづ》った**ブログを始めた**のも22歳の頃でした。

森永　当時は若い女性で投資関連のブログをやっている人は多くなかったので、それなりにウケたんじゃないですか。

深田　私が22歳の頃は、まだその時代になっていませんでした。それどころか、最初に買った銀行株の株価が5分の1になってしまい、ヘコみました。そこから、株や金融の勉強のために本を大量に読み漁ったんです。その頃、**森永先生の本も読みました。勉強した内容を日記代わりにブログに書き留めていましたが、知らない人からのコメントが面白くて夢中になり**、ヤフオクへの興味を失いました。

森永　「深田萌絵」誕生の瞬間ですね。

深田　仕入れ先の読モを目指す子が周りから減ったのもあります。読モでうまくいった子は独自ブランドを立ち上げたりしてましたが、そういう子たちからは私は、そもそも相手にされてませんでした。読モは、もはや、顔じゃないんです。裕福な親かリッチな彼氏がいてブランド物のカバンをいっぱい持っていて、かつ、頭のいい子が採用されるんです。頭の良さというのは、偏差値じゃなくて、求められる自分を演じられる「処世術的賢さ」という点での頭の良さですね。雑誌もブランドの広告が欲しいので、ブランドバッグの特集のためにエルメスやシャネルを持っている美人を集めるんです。ただし、エルメスのバーキン（エルメスの代表的な高級バッグ）は、当時一つ百万円でしたから、ちょっと可愛いだけの子にチャンスはないんです（笑）。

森永　読モの世界も、身分社会ということですね。

深田　**もともと作家を目指していたのもあって、ブログに夢中になりました。そのうちに、株ブームとブロガーブームという二つの波が来て、投資ブログの運用というコンテンツ作成の仕事がたくさん入るようになった**んです。

第5章
身分社会の源流の一つは学歴にある

就活の扱いは、学歴により、まるで違う

森永 身分社会を語るうえで、非常に重要というか、大きな鍵を握っているのが、私は、日本でも**学歴**だと思っています。

深田 そうですよね。

森永 深田さんは美術短大を卒業したあとの就職は大変だったと先ほどお伺いしました。

深田 大変どころか、ちゃんとした就職をする「チャンスがない」んですよ。私は家の都合もあり、就職が遅れたのですが、普通に面接に行っても、「あっ、君の短大の子は採用しないことにしているんだよね。ごめんね」と言われて、「えっ、なんでですか？」と聞いたら、「君の短大出身の子はさ、頭がイタイ子ばっかりだから」と言われるんです。

森永 頭が痛い？

深田 「頭がイタイ」とは関西で、「頭が悪い以上に酷い」って意味なんですよ。短大の評判が悪すぎて就職がなかなか見つかりませんでした。

森永　最初に入った会社に絶望なさったとか。

深田　はい。先ほどお話しをしましたが、1カ月ほど就職が遅れて、連休明けぐらいにやっと東大阪の印刷会社に仕事が決まったんです。手取り12万5000円ぐらいの、ちゃんとしてない会社。社会保険とかそういうのがちゃんとついていないような、そういう中小企業――零細企業で、非正規の経理補助として最初は入りました。

森永　でも、普通はそこで就職すると、その後ずっーと、言い方は悪いですけれど、低賃金労働力として、一生を過ごす人のほうが多いんじゃないですか。

深田　そうなんですよ。しかも、会社に入ったときはもう、失敗ばかり。伝票を1枚書くのに、3枚も4枚も書き直ししないといけないとか、ミスばっかりして、お局様《つぼねさま》に叱られて、いびられていました。それで、「こんなに威張っているんだったらよっぽど稼いでるのかな」と思って、ある日、腹いせにお局様――30歳の独身女性の給料伝票をちらっと見たんですよ。そのときの衝撃！

「えっ！　**30歳になって、手取り20万円もないの！**」と驚いたんですよ。ということは、「いま20歳だから、十年働いても20万円になる日が来ないなら、一生貧乏なんだ」ということに気がつきました。それがきっかけで、そのときから、「キャリアアップとか何か資格を取らなきゃいけないのかな」ということを考え始めたんです。

森永　そのあと、早稲田大学に行かれるんですよね。

深田　そうなんですよ。そんなとき、先生の著書『年収300万円時代を生き抜く経済学　給料半減が現実化する社会で「豊かな」ライフスタイルを確立する！』（光文社・2003年2月25日発売）という本を読んだんです。そして、「非正規雇用の格差をもっと世に知らしめたい」と考えてジャーナリストになろうと考えて、25歳でたまたま東京へ旅行に行ったときに、いろいろな出版社とか、あとメディア関係を回りました。そのときに「ジャーナリストというのはね、君、早稲田大学政治経済学部を卒業した頭が良い人がやる仕事で、君みたいな女はキャバクラでバイトでもしとけよ」と言われました。

森永　あはは。ひどい差別ですね。

深田　そう。すごいでしょ！　でも、そのときに、私は、「ああっ！」と閃いたんですよ。小学校のときに、「人間は学歴じゃない」というリベラル教育を受けていたんで、「学歴なんてどうでもいいんだ」と思って生きてきたんです。でも、その彼の一言、ひどい面接の人の一言で、「あっ、学歴がないと駄目なんだ」と分かった。それで、「ジャーナリストになるために、早稲田の政治経済学部を受けよう！」と考えたんですよ。

森永　でも、早稲田の政経って偏差値70とかで、大変な難関ではないですか？

深田　ところが、**少し易しい試験で、ＡＯ入試**っていうのがあるんですよ。

森永　一芸入試みたいな。

深田　一芸入試に近いですよね。国語と英語の論文試験があるんです。英語の論文を読んで、ちょっと日本語で返す。日本語の論文を読んで、日本語の論文で返すという、そういった論文形式なので、英語が読めて日本語が書ければ勝てる入試だったんですよ。

森永　ほおう。

深田　それで私、「あっ、これはチャンスがある」と思ったので、すぐに仕事を辞めて、２カ月かけて、英語と国語の勉強をして、受験したら受かったんですよ。

森永　その２カ月の間って、どのぐらい、１日に勉強しましたか？

深田　１日に11、12時間勉強しました。そうすると月間３００時間ぐらいは勉強できるんですよね。詰め込むじゃないですか。「詰め込むと予習と復習の時間がいらないので、ひたすら前に進むだけで全部覚えていける」という効率のいい勉強の仕方ができたんですよ。

森永　やっぱりそこで本気出したっていうのが大きかったわけですね。

深田　大きかったです。

森永　早稲田を卒業して、就職面での環境って変わりました？

深田　もう全然違うんですよ。今まで、就職の願書を20歳のときは100通出して1通か2通返ってくる感じだったのが、**早稲田を出ると、ほぼ全て面接まで行けるん**です。

森永　そうですよねえ。

深田　しかも、就職説明会も違うんです。第1会場には様々な大学から来た学生さんたちがいるんです。そこで話を聞いたあと、「第2次会場へどうぞ」と言われて、番号を呼ばれて行くんです。そっちの部屋に行くと、豪華な立食パーティーみたいな部屋に通されて、そこには東大、京大、早慶、一橋の学生ぐらいしか残ってないんです。MARCHすら残してもらえていませんでした。

森永　ははあ。

深田　そのときに、「ああ！　学歴があるかないかで、こんなに違うんだ」と初めて理解したんですよ。Fランの短大を出たときの体験もあるので、**ちゃんとした大学とFラン短大の、この身分の差をはっきりと体験した**わけです。だから、「**人間は学歴じゃない、それは人間性には言えるんだけれども、社会では通用しない**」と身にしみて感じました。

森永卓郎のマークシート必勝法

森永　私は、幸か不幸か現役で東大に入れたんですけれども、大学に入ってびっくりしたのは、みんな高校時代に1日10時間以上勉強している人ばかりだったことです。彼らは学歴と身分社会の構造がわかってたから、必死に勉強をしてきたと思うんです。

深田　東大生は全員そうなんじゃないですか。

森永　私は、本当に申し訳ないんですけど、ピークのときでも1日、2、3時間しか勉強してないんですね。

深田　え！　それだけで東大に行けるんですか？

森永　私は、すごく要領が良かったんです。なぜ私が東大に入れたのかというと、私は実は、答えが全く分からない問題でも、マークシートだと7、8割の正答をすることができたんですよ。

深田　マークシートだと正答率を高くする方法があったんですか？

森永　どういうことかと説明しますと、例えば、受験問題を出題する人は、問題をつくっているのですから、当然正解が何番かは、分かっているわけですね。

深田　そうですよね。

森永　そこで、こちらとしては、じゃあ、「間違いの選択肢をどうつくるんだろう?」と考えるわけです。例えば、図1は、十二支の絵なんですけれど、正解が「子（ね・ネズミ）」だったとするじゃないですか。私は並びと呼んでいるんですけれど、ネズミの隣に「丑（うし）」とか「亥（い・イノシシ）」という間違いの選択肢を出題者はつくりがちなんです。同時に「子（ね）」と向かい合う位置にいる「午（うま）」を間違いの選択肢に採用することもあります。そこで、選択肢のなかに、ウマとイノシシとウシが並んでたら、「この間違いの選択肢をどこから発想したのか」とを考えていくと、「あっ、これが源流だ」というのが分かってくるわけです。

深田　そんな解き方アリですか?

森永　この方法をやり始めた頃は、パズルのように一生懸命に考えていたんです。ところが車の運転をしたり、スマホをいじったりするのと同じで、慣れてくると、いちいち深く考えなくても、自然に正解が見分けられるようになるんです。問題をザアッと眺めただけ

図１

で、「あっ、これとこれとこれが正解ね」と、すぐに分かる。

深田　そうですか？　そんなことできますか。

森永　当時、他の人はそれに気がつかなかったんですね。けれども、私は、この手のことを考えるのが得意中の得意だったんです。実は、私は７科目受験で、世界史と日本史を選択しましたが、直前の代々木ゼミナールの模試で、日本史の偏差値が28、世界史が33でした。

深田　森永先生の成績が、私と大差なかったなんて信じられない！

森永　受験の直前ですよ。結局、試験の前日に日本史と世界史を諦めて、政治経済と地理に受験科目を切り変えて、参考書を数時間読んだだけで東大の１次試験を受けました。その結果、地理は、自己採点ですけれど、全問正解でした。

深田　えーっ！　すごい。

森永　今でも通用するかどうかわからないですけれど、視点を変えれば、東大入試は、そんなに難しくないんですよ。だから、**私は大学に入って凡人だったんですけれど、10時間勉強してきた人も、要領よくできないのだから、凡人**なんです。

深田　それなら私たちは、もっと凡人です（笑）。

東大生も、9割は凡人

森永　東大には1年間に3000人ぐらい入ってくるんですけれども、本当に頭の良い人は、1割だけでしたね。ただ、その1割は本当に頭が良いんですよ。私が大学に入っていちばん衝撃を受けたのは、一年生の最初の数学の定期試験の問題でした。「4次元の球の体積と表面積を計算しなさい」というものでした。

深田　ちょっと、ごめんなさい。4次元ってなんですか……ドラえもんだと「3次元＋時間＝4次元」って見たような。4次元の球ってどういうものなんでしょうか……？（笑）。

森永　ここで教室が真っ二つに分かれたんです。凡人はみんな問題を見て、右往左往している。「何だろう？」と。

深田　その人たちの気持ちが分かります。

森永　だけれども、1割の連中だけが、チャカチャカとやって、試験時間は1時間ちょっとあったと思うんですけど、ものの10分足らず、数分で全て書き終わって暇そうにしているんです。私は、ちょうどその中間で、時間いっぱいを使って、合ってたかどうかわかんないですけれども、4次元の球の体積までは、一応、出したんですよ。ところが、4次元の球の表面積というものが何だかよくわかんなかったんですよ。

深田　いやあ、分かんないですよね、4次元の球は。あはは。

森永　試験が終わったあと、頭のいい人たちのところに行って、「あのさ、4次元の球の表面積ってどういう意味なの？」って訊いたら、みんな目を丸くして、私にこう言ったんです。「えーっ！　森永、おまえ、4次元が見えないのか」。

深田　出た‼　天然の天才！　4次元が見えているんだ、その人たち。

森永　なんか、アインシュタインは6次元まで見えたっていう話なんですけれども。ただ、これで分かったことは、東大生も9割は凡人なんですよ。
深田　そうですね。3次元しか見えない人たちなんですよね。
森永　そう、そう。ただ、**凡人でも〝東大〟というラベルが付くと、それはもう圧倒的に就職のときなどに有利**になるんですよ。
深田　たかだか3次元しか分からないような東大生でも、一流会社に就職できる、というわけですね（笑）。

20代で大出世すると、勘違いしないか？

森永　それどころじゃないんですよ。**就職活動が始まる前から、とてつもなく優遇されているんです**。私は、家もそんなに金持ちじゃなかったし、地味な大学生活を送っていたんです。大学の三年生の秋かな、もう40数年前なんで、時効なので言ってもよいと思うんですけれど、野村證券という証券業界のトップ企業から、「うちに来てくださいよ。接待しますから」と連絡があったんです。相手は大学生ですよ。

深田　接待ですか。

森永　それで日本橋の料亭に連れていってくれて。着物を着たきれいなお姉さんが、ずっと料理を取り分けてくれて、お酒をついでくれて、別世界でした。今までしたことのない体験でした。

深田　たかだか大学生相手に、そんなことをしてもらえるんですか。

森永　それでもう、感動してしまいました。そのときに私の頭の中で何が起きたかっていうと、「これをもう一度体験したい」という想いでいっぱいになりました。あはは。

深田　私は逆に、親が料亭を営んでいたので、料亭への憧れはないので驚きです（笑）。

森永　それで、「同級生を連れていくので、ここに、もう一回来られないですかね」と言ったら、野村證券も、「いいですよ。じゃあ、連れてきてください」と答えるんです。次は友達を4人連れて、5人で日本橋の超高級料亭でどんちゃん騒ぎをしたんです。そのどんちゃん騒ぎをしたあと、外国人の女性が接待する――当時、外人バーと呼んでいたと思うんですけれど――そこに2次会で行くと言われた。そのとき、私の危機管理アラームが鳴ったんですね。

深田　ちゃんと存在するんですね、危機管理アラーム。

森永　それで、「私、ちょっと予定があるんで」と帰ってきたんです。予定なんかなかったんですが、私だけ逃げ帰ってきたんです。私の同級生は4人、そのままついていって、4人とも野村證券に入りました。

深田　そこでなんか、弱みを握られるような事件が、お姉ちゃんとあったんですかね。

森永　いやあ、それはどうかわからないんですけれど。ただ、そのうちの1人は役員まで昇進しましたから。

深田　森永先生に感謝してるんじゃないですか。

森永　でも、すごいなと思ったのは、1回だけ、もう何十年も経ってから、彼が役員になったあと、彼の招待を受けて昔の野村證券の本社ビルに行ったんですよ。彼と一緒にお昼を食べたんですが、役員専用の食堂みたいなのがあって、彼が座ってて、3、4メートル離れて私が……お互いお誕生席みたいな感じで座るんです。ホテルオークラだったか、ニューオータニだったか忘れたんですけれど、一流ホテルのシェフたちが来て、ケータリングというよりも、全部フルコースを出してくれて。

深田　へーえ。

森永　**「ああ、こういう飯を食ってんだ」と驚きました**ね。

深田　ものすごくゴージャスですね。やっぱり東大卒だと、世界がちょっと違うんですね。

森永　９割はポンコツなんですけれども、やはり、学歴とその後の処遇ってすごく強く結びついているわけです。私は日本専売公社、現在のＪＴに入社したんですけれども、ここは旧大蔵省専売局だったんで、官僚の人事システムをそのまま引き継いでるんですよ。本社採用は20人ぐらいしか採らない。事務系はそのうち半分、10人ぐらいしか採らないんですが、そもそも通るのは、旧七帝大だけなんです。

深田　旧七帝大って、東大とか京大とかだけですか。

森永　東大、京大、阪大、北大、東北大、名大、九大の７つだけです。早慶でも駄目なんです。

深田　早慶は旧七帝大に入らないですもんね。

森永　**ここから選ばれた人というのは、とてつもないスピードで出世していく**んですね。今は少し遅くなったんですけれど、私の同期のクラスでいうと、30歳手前で工場の職員課長になる。職員課長というのは工場の職員、全部の上に立つわけですから、もう20代で部下が３００人とかになるんです。

深田　えーっ！　すごいですね。

森永　運転手付きの車が付いて。

深田　えっ⁉　20代で、ですか。

森永　20代で。

深田　そういう待遇だと、**とんでもない勘違い野郎**になりませんかね。

森永　なりますよね。しかも、実は、当時は組合との交渉をしないといけなかったので、年間に職員課長が持っている交際費が1000万円ぐらいはあったんです。

深田　20代で1000万円ですか⁉

森永　でも、これは、仕事で1000万円飲まないといけないということなんです。

深田　1000万円使わなきゃいけないいんですか。

森永　だから、大体、胃と肝臓を壊すという。あはは。

深田　なんか、それ、ちょっと、過酷な労働なのか、遊んでいるのか、よく分からないお仕事ですね。

森永　だから、やっぱりそこで勘違いしてしまう人が出てくるのは、間違いありません。やはり、**身分社会の源流の一つが、日本でも学歴**だということなんですよね。

深田　そうですね。「学歴が自分の人生、われわれ日本人だけじゃなくね、世界中の人の人生をやっぱり、ものすごく左右しているんだなあ」ということは、私も、1つ目にFラン短大、２つ目で早稲田を出て、「同じ人なのに、こんなに扱われ方が違うんだあ」と、実際に体験したのでよく分かります。「この身分社会の源流は、やはり学歴にあるんだな」という森永先生のお話どおりだと思いました。

第6章 人間失格になってもお金が欲しいですか？

なぜ、不景気になると格差が拡大するのか？

深田　先生が人生をかけて取り組まれている「**格差研究**」を始められた、そのきっかけについて教えていただきたいんです。

森永　少しお話ししたんですが、私が日本専売公社に入った頃は、私たち本社採用のエリート軍団というのは、他の人たちと人事運用が全く別だったんですね。

だから入社してすぐに、「留学に行かないか」という話がみんなに来るわけですよ。かかる経費は、もちろん全て、会社持ちです。ただ、私は小学校を半分、海外で過ごして、散々差別されてきたので、もう海外だけは死んでも嫌だったんです。

深田　これまでのお話を聞いているのでよく分かります。

森永　「それだけは絶対に嫌です」と答えて、その代替策ではないんですけれども、日本経済研究センターという、日本経済新聞の外郭団体に出向することになりました。当時の日本経済研究センターは、日経新聞の本社ビルの中にありました。

そこは短期班、中期班、長期班という3班に分かれていて、1年先、3年先、10年先の日本や世界の経済を予測する仕事をしていたんです。けれどね、多くの人たちがよく勘違いしているのは、未来のことなんか誰にも分からないわけですよ。

深田　そうですよねえ。

森永　一生懸命、分析して積み上げても、前の日、締め切りぎりぎりになって思いつきをポンと書いても、当たる確率は大して違わないんですね。だから本業の経済予測自体はそれ程手がかからないので、余った時間に私は日経センターの図書室にこもって、最初、『賃金センサス』、正式には、『賃金構造基本統計調査』というのを何年にもわたってずっと見ていったんです。

深田　それ何年ごろですか。

森永　1982年の話です。もう今から40年ちょっと前です。当時、新たな二重構造といわれていて、大企業と中小企業の処遇の格差が広がってきているのではないか、という説があり、最初は、それを検証しようと考えて、20年から30年分、データをずっーと追いかけていきました。そこで**大きな発見**をしたんですね。

深田　何があったんですか。

森永　高度成長期には賃金格差が縮小していく。つまり、中小企業の処遇が上がっていき、大企業に近づいていく。ところが、低成長に入って、石油ショック以降、70年代後半以降は、それが逆転して、どんどん格差が開いていく。この2つが分かりました。

深田　私からすると、大企業と中小企業は格差があって当然という考えでした。そういう時代に就職しましたので。

森永　でも、高度成長期には一時期近づいた時期があったんです。

深田　それはどうしてですか？

森永　私も、「これはなぜなのか？」と考えました。私は余計なことをするのが得意中の得意なので、大企業と中小企業の賃金格差の分析だけでは満足できませんでした。いろいろな格差があるんですね。例えば、男女間の賃金格差とか、職業間の賃金格差、産業間の賃金格差、あるいは職階間（平社員と部長の間など）でどういう格差があるのか……。そういうのをずっと調べていったら、驚くことに、「**あらゆる属性間で、高度成長期は格差が縮小して、低成長に入るとどんどん拡大していく**」という事実を発見したんです。

深田　低成長で、各階層で格差が広がったっていうことなんですか。

森永　はい。日経センターのレポートを3月に出すんです。本来は経済予測のレポートを出さないといけないんですが、それも付けたうえで、付録として、私のこの格差研究を載せたのが、そもそも私の「格差研究」の原点なんですね。

深田　なるほど。

森永　そこから30数年経って、**トマ・ピケティというフランスの経済学者が『21世紀の資本』という書籍を発表**して、世界的な注目を集めるんです。私は日本だけのデータで、30年ぐらいしかやってなかったんですが、ピケティは、主要国全てについて、200年ぐらいのスパンで調査したんです。

深田　すごいですね。

森永　その結果、ピケティは世界的な経済学者としての評価を得たんです。しかし、「それよりも30年以上前に、ボクはやってたんだけどな」という自負もあるんです。

深田　惜しかったですね。ちょっと視野を広げて、世界各国に広げていれば、いま頃は……。

森永　はい。ただ、それが原点となって、その後、2003年に『年収300万円時代を生き抜く経済学』という本を出して、これが続編とか関連本まで含めると100万部近く売れたんです。

深田　そうですよね。その本が私と森永先生の出会いでした（笑）。

森永　ありがとうございます。それで大儲けしたんで、ピケティより稼いだかもしれないという、あはは。

でも、ピケティの『21世紀の資本』を読んで、低成長期には格差拡大、高成長期には格差が縮小するというメカニズムは何なのかということが、初めて分かったんです。目からウロコでした。

深田　それはどうしてだったんですか？

森永　それは、ピケティは「**経済成長率よりも、常に資本の収益率が高くなるのが、経済の特徴**」だと言っているんです。

過去200年の統計をずっと見ていると、資本の収益率、つまり、「富裕層＝金持ちたちが自分の資産を何パーセントずつ増やしていくのか」という数字は、ずっと4から5パーセントぐらいで横ばいなんですよ。金持ちは世の中がどうなろうと、常に毎年自分のカネを4から5パーセントずつ増やしているんです。

一方、経済成長率、経済のパイが大きくなるスピードは、景気がいいときは当然高いわけです。ところが、低成長になり景気が悪くなると、4から5パーセントの成長なんかしなくなるわけです。

深田　そうですよね。

森永　もう、日本なんか、ずっとゼロ成長ですから。

そうすると何が起こるかというと、**金持ちは世の中の景気がどうであろうと、自分の取り分を4から5パーセントずつ増やす**わけです。パイがどんどん増えているときは、パイが5パーセント以上に増えているから、金持ちが4から5パーセント増やした残りでも、庶民は所得が増えていくんです。ところが、低成長になってパイが増えなくなっても、富裕層は自分たちの取り分を自動的に4から5パーセントずつ増やすんですよ。そうすると**残りはずるずる減っていく**。

だから、庶民が転落して、あるいは中小企業が転落して、格差が拡大していくという構図なんです。

深田　それがまさに、今の地獄絵図ですね。

森永　そう。それが分かったときに、私が大嫌いになったのが、資本家の人たちなんですよ。「おまえらさ、働いてもいないのに、金を右から左に動かすだけで、何稼いでいるんだよ！」と。

投資銀行は、品性下劣な人たちの集まり

深田　そう思いますよね。私は子どもの頃から親が会社経営をしていたので、自分は資本主義者だと思ってきたんですけれど、30歳になって金融機関に入ったんですよ。

そうすると、外資の金融機関って、新卒でも、初任給が大体800万円から1200万円ぐらいなんですよ。私もその恩恵を受けたんですが、**会社のやっていることは、ハゲタカとかハイエナ**みたいなものです。もうモラルも何もあったものではない。どれだけえげつない金融商品をつくって、それをはめ込んで**お客さまに損をさせて、お客様の金をぶん取る**のかというビジネスを、外資の金融機関各社がこぞって競ってやっているわけです。それを見て、「なんていうところに来てしまったんだ」と、本当に後悔しましたね。

森永　いま、深田さんがおっしゃったのは投資銀行といわれている業種ですよね。これは銀行と呼ばれている業種ですが、銀行ではありません。例えば、アメリカの大手四社は、ゴールドマン・サックス証券、メリルリンチ証券、モルガン・スタンレー証券、そして経

営破綻したリーマン・ブラザーズ証券。証券っていう名前も付いているのですが、証券会社でもない。金を稼ぐためだったら何でもする集団なんです。

深田　そうなんですよ。

森永　私もよく分かっていなかったんです。特に社会に出たばかりの頃は、彼らの正体が分からなかったんですよ。

深田　私も分かっていなかったんです。

森永　例えば、六本木ヒルズにゴールドマン・サックスが入っていたので、一回、「何をしているところか、直接、話を聞いてみよう」と思って、別の会社へ行くときのＩＤでゴールドマン・サックスの階のボタンを押してみたんですが、専用のカードじゃないとボタンに光がつかなかったんですよ。

深田　オフィスのある階にすら入れないんですね。

森永　だから、潜入調査もできなかったんです。一応、いま私が思っている整理では、彼らの基本ビジネスというのは三つあります。一つは、いろいろなデリバティブとかを活用した仕組み債をつくること。二つ目が、Ｍ＆Ａで、三つ目が利ざやを抜く市場取引。

そう言うとかっこいいんですけれど、やっていることの本質は、インチキ金融商品の開発と、それから企業の乗っ取り、および、その手助けと、さらに相場操縦という、悪いことばかり。

深田　そうなんですよ。本当にものすごく薄汚い人たちなんですよ。

森永　でも、そいつらがね、そいつらって言うと怒られちゃうんですが、大手だと実績さえ上げれば、10年経たずに……もう、**早い人だと数年で億単位の金を稼いだりする**わけです。

深田　そうですね。リーマンショック以降は、そこまででもないみたいですけれど。

森永　もう一つ、彼らとの付き合いができて分かったのは、**品性下劣っていうか、教養のかけらもない人たち**なんですよ。莫大な金を稼いで彼らが何にカネを使っているかというと、高級外車に乗って、高級レストランで高いワインを飲んで、愛人をつくって、別荘を買って、豪華クルーズ船で世界一周をしている。そして、日本ではあんまりないんですが、特にアメリカの場合はドラッグ、薬に走る。

深田　あっ、それ、うちの証券会社の先輩の間で起こっていたこと、そのままですね。

森永　あはは。

深田　彼らは高級愛人クラブみたいなのに登録して女性を漁っていました。女性にランクがあるという話を何故か金融機関の朝会で上司たちがしていたんです。

ランクごとに値段が違うらしいです。「Sランクは10万で、Aランクは7万、Bランクは5万だけれども、SランクとAランクの間が明確ではないので、たまにSランク級の美人がAランクに混ざっているから、3万円得なんだ」みたいな話を、朝のミーティングでしているんですよ。女性をモノのように売買する話を自慢する品性下劣な人たちの集まりです。

森永　でも、結局、彼らはカネを握っているから、権力者になるんですね。

私が今でもすごくよく覚えているのは、足利銀行が破綻したときに、たまたま仕事で行ったんです。そうしたら、金融庁が乗り込んできていた。足利銀行の人たちが「森永さん、**金融庁っていうのはね、もう、やっていることは暴力団と一緒**ですよ」と言うんです。「片っ端から不良債権認定して、うちの融資先のゴルフ場を、二束三文で全部、ゴールドマン・サックスに売り飛ばすという話が初めからできてたんです」と怒っていました。

深田　いかにも彼らのやりそうなことですよね。

森永　現実に、金融危機の後、日本の最大のゴルフ場オーナーは、十数年間かな、ずーっとゴールドマン・サックスでした。

深田　そうなんですか！　知りませんでした。

森永　結局、何十億円もかけてつくったゴルフ場を1億円とか、そのぐらいで買い叩いて持っていくわけですよね。

深田　絶対、儲かりますからね。

森永　ゴルフ場を散々転がして儲けたあと、今それがどうなったかというと、丸ごと高値でソフトバンクグループが引き取るという構図になっているんです。

深田　なんと、ソフトバンクまでカモられているという。

森永　だから**身分社会の中で私が大嫌いなセクター、権力者の一つが、金融機関。特に投資銀行は大嫌い**なんですよ。

深田　わかります。私もコンプレックスから外資金融に入りましたが、現実を見て幻滅しました。私が早大を卒業する頃って、リーマンショックのちょうど直前で、投資銀行がものすごくもてはやされていた時期で、優秀な人ほど投資銀行に行くっていうのが当たり前だったんですよ。

私は、長年、社会で女性としての仕事のしづらさを感じていました。「ジャーナリストになりたい」と言っただけで、「キャバクラで働け」みたいにバカにされてきたような人生だったから、すごくコンプレックスが強かったんですよね。

そのとき、憧れの人がいたんです。その人が、「できる女性っていうのは、みんな投資銀行、外資で働くのが当たり前で、経済的に自立しているんだ」みたいなことを言っていて、「確かに、日本企業は男女差別が酷くて出世は望めないし、男女平等の外資系に行こう」と思い、投資銀行をいくつか受けて、その中の一つのイギリス系の投資銀行に入りました。それまで日本企業で働いた経験しかないので「私は男女差別されている」と思っていたけれど、**そこでは白人社会の男女差別の中にすら入れない**んですよ。白人カーストの下に黒人がいて、黒人の下にアジア人がいて、アジア人の中の、さらにその下の女性差別なので、私が受けた女性差別のレベルは５階層ぐらい下なんですよ。そこで働く白人女性は結婚出産しているのに、日本人女性は結婚や妊娠したらクビになっていましたからね。

人間性を失ってでも、お金が欲しいですか？

森永　でも、一般庶民から見たら、投資銀行の人たちというのは、少なくともカネの面では、圧倒的な勝ち組になっているわけです。

私は正直に言って、最近まで分かっていなかったんですけれど、例えば、リーマンショックの原因の一つになったＣＤＯという「債務担保証券」があります。これをつくったときに、投資銀行の人たちのセールストークは、「これは、理系の大学をトップで出た優秀な人材が金融工学という高度な数学を使い、リスクコントロールをした金融商品で、ローリスクであるにもかかわらずハイリターンになっています」というものだったんです。

だから、すごく頭の良い人が投資銀行に行っているんだと思い込んでいたんですが、いざ付き合いができてみると、「**品性は下劣で頭も大して良くはない**」ということが分かりました。

深田　そうなんです。頭は良くないですよ。**金融工学は、中身を見たら、全て、高校数学レベル**なんですよ。

森永　そうそう。

深田　だから、大学数学ができない人たち――**落ちこぼれが、金融機関に入って、人をだまくらかすために高校数学を駆使してみただけ**の話ですよ。

森永　それが、なかなか新聞にも雑誌にも書いてないんです。彼らは別に高い能力はないんだと、書いてあればいいのですが。そんな報道はどこにもない。

深田　そもそも記者には文系が多いので、金融工学に過度な幻想を抱いてます。

森永　その事実がなかなか世の中に伝わらないのが、歯がゆい。私も騙されていたんですから。ただポンコツで品性下劣な権力者が金融界を仕切ってきたというだけのことです。

深田　そういうところで働いてましたが、否定できないんです（笑）。

森永　実は、（息子の）康平も短期間ですが、1年弱かな、投資銀行系に行っていたんですよ。私は猛反対したんです。「そんなところ、行くんじゃない」と。でも、康平も1年働いて、彼らの正体が分かったんだと思うんです。そこを「辞める」と言ったときに、「言っただろ」と言ったら、「うーん。やっぱりハゲタカは駄目だな」と答えていました。

深田　そうです。社畜奴隷の最高峰は年収1000万円なのか、と、みんな投資銀行を目指していたんですけれども、中に入るとですね、品性は下劣になるは――。

森永　あはは。

深田　頭は悪くなるは、本当、ドラッグ中毒になる人は続出するはで、ロクなことがない。

投資銀行を辞めた先輩が、自分でファンドをつくったんですよ。朝の打ち合わせのときに、遅刻してきて、スーツにサングラスかけて登場して、包帯を、手にグルグルに巻いているんですよ。

「どうしたんですか」と訊いたら、「昨日、友達の誕生日パーティーでケーキの花火に火がついてから掴んじゃったら火傷したんだよね」とか言っていて。サングラスの隙間からチラッと見たら、目がイッちゃってるんですよ。「ああ、先輩、ヤクをやり過ぎておかしくなっちゃってる」と思いました。仕事がきついじゃないですか。それで、気分を高揚させるために、ハマっていく人たちがいっぱいいるんですよ。

森永　大変な人たちですよ。

深田　『ウルフ・オブ・ウォールストリート』（2014年日本公開）という、ディカプリオの映画があるんですよ。あそこで描かれてるあの世界観——外資の金融機関の人たちが、ヤク中で、薬をやりながらいろいろな女性に手を出したりとか、クレジットランキングをつける会社の人たちを接待して癒着したりとか、最低な世界観が描かれているんです。知人から「これって誇張だよね？」と聞かれて、「このとおりなんだ。ヤク中、アル中、セックス依存症になる人が続出です。誇張でも何でもなく、こうなんですよ」と回答したら、文字どおりパックリ口を開けて硬直していました。寝不足を乗り越えるのにカフェインに頼りすぎて、夜は眠れなくなるので酒を飲んでリラックスしようとする。そういう生活で、私も恥ずかしい話ですが、アルコールに頼っていました。

年収1000万円のために、あんな生活は二度としたくないですね（笑）。

責任を果たしたら、身分社会の外に出るのが幸福

深田　**身分社会の底辺から這い上がる方法**はあるんですか。

森永　実は身分社会の底辺から這い上がるために身分社会のルールに合わせて登り詰めていくのは、私は個人的にはあまりお勧めしていないんですね。

深田　どうしてですか？

森永　それはなぜかというと、これ『ザイム真理教』（三五館シンシャ）にもちょっと書いたんですけれど、身分社会にいるだけで、みんな、おかしくなっちゃうんですよ。

例えば、私が専売公社に入ったときというのは、財務省から予算をもらわないと鉛筆1本買えない会社だったので、財務省の官僚の、ほぼ下僕、奴隷に近いような存在として働いていました。ところが、いったん、予算を取ってくると、今度は支社や工場に対して、私が予算の配分権を持っている。もう40年前ですけれども、販売費200億円と試験研究

費20億円かな。だから、何百億円という金の配分権を私が持つわけですね。

深田　20代で何百億円ですか。

森永　はい。そうすると、支社とかの人が、予算課長も40代ですけれど、「接待しますから」とか言って、私のところに足しげく通ってくるわけですよ。実際に酒を飲ましてもらったり、お土産をもらったり、いっぱいされた。そうすると、人間がおかしくなるんですよ。

いつも「この身分社会で偉くなると何かいいことがあるのかな」ということを、すごく思っていました。今からちょうど20年前までは、私はその身分社会の中で、正直言って、煮え湯を飲まされ続けながら、歯を食いしばって、しがみついて働いてきました。

どうしてそこまでしたかというと、うちのかみさんは、一応、自分で選択して私と結婚したんで、道連れになっても自己責任なんですよ。

深田　そうですよねえ。人身御供とはいえ。ははは。

森永　だけれど、うちの子どもたちには親の選択権がないわけですね。この子たちが、飯が食えないとか、お金がないから学校に行けないっていうのは、やっぱり親としての責任放棄になりますから、ずっと我慢して働いていました。ただ、20年ぐらい前に康平が成人したんです。もう、そこで**責任は終わった。肩の荷が下りた**んです。

深田　そうです、責任は終わりですよ。

森永　だから、そこで、それまで働いていた、シンクタンクを辞めることにしたんです。

深田　身分社会のままあ、いい身分にいたんだけれど、自らそれを捨てたということですね。

森永　もう、当時、これももう時効だから言ってよいと思うんですけれども、私が勤めていたシンクタンクの社長の年収が、２２００万円から２３００万円。私の年収が多分３００万円近かったんですよ。もう社長をぶち抜いてたというか。

深田　そんなことができるんですね。

森永　できるように人事制度を勝手に変えたので。しかし、それも全て捨てて、大学で教えるようになって、年収は半減です。その結果、嫌な仕事をしなくてもよくなった。煮え湯を飲まなくてもよくなった。精神的にはすごく楽になったんですね。

深田　幸せですよね。でも、年収が半分になったといっても、３０００万円が１５００万円ですから。

森永　そんなもんです。

深田　庶民よりは、十分幸せです。

日航123便問題に関しては命を懸けている

森永　私は、お金を使わない暮らしをずっと続けてきたので、お金はいっぱい貯まっていったわけです。ちょっとバブル期に調子に乗って、日経平均が3万4000円ぐらいのときに、全て、日経平均連動の投資信託にぶっ込んで、大赤字を出したこともありましたが。

深田　ほぼ、高値ですよね。

森永　もう調整は終わったと思っていたので、ぶち込んで痛い目には遭ったんです。でもその後も稼ぎ続けて、お金はほとんど使っていなかったので、ずっと貯まっていたんです。マスコミにもいろいろ出ていましたが、メディアに出られるギリギリのラインというものがあるわけです。**テレビで「言ってよい話」と、「言ってはいけない話」とがある**んです。〝これ言ったら一発で干されるぞ〟というものが。例えば、「年収300万円時代が到来する」という話までは許されてたんですよ。

深田　年収300万円の話は許されていた。

森永　はい。当時は社会の空気が反体制ではあったんです。例えば私がコメンテーターをしていた『ニュースステーション』（テレビ朝日）というのは、「政権を倒すぞ」とプロデューサーが掛け声をかけて、消費税増税反対だとか、反政府の急先鋒の番組づくりをしていました。『ニュースステーション』では、最初、**日航123便**を1回特集して、1994年だったかな、放送しています。ところが、この番組でさえ、その後は123便の話を放送できなくなるんですね。

結局私も、日航123便に関しては、問題意識を持ちながら、公には言えないでずっときたんですが、ついに人生の第2段階に進んだんです。今から3年前、65歳になって、公的年金をもらえるようになった。

もちろん、私は、いまだかつて一度も年金をもらったことがないんですよ。在職老齢年金制度があって、収入が一定額を超えると全て支給停止になるので、年金はもらってはいないんです。しかし収入が全部途絶えれば、年金がもらえるわけです。だから、「あっ、もうこれで何があっても生活は回るんだ」と考えて、書いたのが、『書いてはいけない』（三五館シンシャ）でした。

ところが、書いている終盤でがんになったわけです。ここで第2段階のタガが外れて人生の第3段階になったんです。私は今、何をやっても大丈夫なんですよ。この日航123便の話を深く突っ込むと、命を狙われる、本当に殺されるんですよ。ところがねえ、もう余命数カ月になると、殺されないんですよ。だって、私を殺すメリットはないわけですよ。なぜかというと、放っておけば、あと何カ月で死んじゃう人間を、リスクを犯してわざわざ殺す必要なんかないわけ。

深田　まあ、殺す必要はなくなりますよね。

森永　だから私は今、もう、治外法権状態。

深田　あはは。そのとおりですよね。『書いてはいけない』は大ベストセラーになりました。日航123便に特化した『マンガ　誰も書かない「真実」日航123便はなぜ墜落したのか』（宝島社）もベストセラーです。

私が日航123便に興味があるのは、実は、幼稚園の頃からの友達に起因します。よく喋る子だったのに、ある日を境に一言も言葉を発しない緘黙児《かんもくじ》になってしまったんです。小学校低学年の頃から、先生に何を言われても何も言わないので、私が、彼女の通訳をしていたんですよ。大人になって、母が「彼女のお父さんがあの飛行機に乗っていて、あの事件の後からしゃべらなくなったんだ」と教えてくれたのが興味のきっかけです。当時の死亡者リストって、名前の横に住所まで書いてあるので、奈良の小さな田舎町全体が大騒ぎだったそうです。だから、私も、何が本当なのか知りたいんです。

森永　実は本当にやりたかったのは、マンガ版のほうで書いた、日航１２３便のストーリーでした。一応、扱いはフィクションの扱いになっているんですが。私、実はこの本の中で、青山透子さんたちが公表されている証拠をここには並べているんですが、**これ以外に多分、百数十人の人たちから直接話を聞いている**んです。

深田　すごいですね。

森永　ただ、みんなおびえていて表に名前は出せないんですよ。だから、現場に直接入った人とか、警察が現場で撮った写真を見た人だとか、それから墜落直前に自衛隊のファントム機が、１２３便を追尾しているのを見たお父さんとか、もう、いっぱい証言があるんです。それらは載せられないんですけれども、さまざまな人たちから話を聞いていて、私はこの本の内容に確信を持っているんです。

ただ、これをマンガ版にするときに新たな困難が生じたのは、マンガで絵にすると、ディティールを書籍よりもはるかに深く詰めないといけないんです。

深田　絵ですから、文章よりも細部を具体的に描く必要がありますものね。

森永　『日航123便 墜落の新事実：目撃証言から真相に迫る』（河出書房新社）などで、日本航空123便墜落事件を追及されている作家、青山透子さんは、事件当時、日本航空の、当時スチュワーデスと呼んでいたんですけれども、客室乗務員だったんです。彼女は同僚を亡くしていて、ずっと事件の真相を追っている。その彼女がチェックに全面的に協力してくれたんです。

最初びっくりしたのは、例えば「この便は日本航空123便、大阪、伊丹空港に向けて飛び立ちます」という私の最初の絵コンテというか、原案は、そのアナウンスをスチュワーデスがやっていたんですけれど、青山さんは、「森永さん、違うんですよ。ジャンボ機のようなエリート航空機では男性がアナウンスをするんです」と指摘してくる。そんなのは、素人の私には分からないじゃないですか。

深田　細部を詰めていくと、仕上がりが違ってきます。

森永　パイロットが着ている制服が違うとか、もう、細かい直しが噴出してきて、それを全て、一つひとつ詰めていったので、リアリティとしてはとてつもなく高くなりました。

そのままテレビドラマとか、映画にできるほどになりました。でも、テレビドラマや映画にする、そのリスクを犯す人は恐らくどこにもいない。

深田　『Ｎｅｔｆｌｉｘ』ぐらいに持っていかないといけないですよね。

森永　**海外メディアにも圧力がかかっているので、多分どこもできない……。**

深田　海外メディアにまで政府の圧力がかかるものですか？

森永　そうなんですよ。私も初めての経験だったんですけれども、実は海外メディアで告発してもらおうと思ったんですよ。ジャニーズについて、ＢＢＣがやりましたよね、同じパターンで。

私、昨年の12月の29日に倒れて、もう人事不省、危篤状態でした。そこからちょっと立ち直って入院するまでのわずかな時間――そのとき、ぼろぼろで、10分、15分連続して話すのが、ぎりぎりの状態だったのですが、海外メディアのインタビューを命懸けで受けたんです。死にそうになるぐらいのリスクを取ってやったにもかかわらず、結局私のインタビューも含めて全部つぶされました。

深田　えーっ⁉　海外メディアにまで力が及ぶんですか。日本政府にそこまでの力がありますかね？　もしかしたら、米軍も何か落ち度があったんじゃないですか？

森永　実は、この事件をきっかけに日本経済を取り巻く「潮目」が大きく変わっているんです。日航１２３便の墜落からわずか41日後の１９８５年９月22日にプラザ合意が決定され、1年後の1986年9月2日には日米半導体協定が締結されています。しかも、この協定はWHOの協定（当時はGATTと呼ばれていた）に反する形で結ばれました。『書いてはいけない』で詳細に書きましたが、この事件を契機として、日本の外交はアメリカの言いなりになって転落していったんです。

私の主張は危険すぎて、当初、マスコミでは全く採り上げられなかったのですが、結局、『書いてはいけない』と、『ザイム真理教』と『がん闘病日記』（フォレスト出版）の三つ合わせて50万部を超えたんですよ。

深田 すごいですね。

森永 そうすると、出版社が片っ端から手のひらを返してくるわけです。あれだけ「出してください」と頼んでも、みんな「嫌だ」と言っていたのに、今、逆に「出してくれませんか」というオファーがいっぱい来て。それを片っ端から受けて、同時進行の本を山ほど書いています。

深田 私との対談本（本書）までありがとうございます。

身分社会の中で這い上がることは本当に幸せですか？

深田　先生は、「**身分社会では無理に這い上がらなくても、子どもの生活さえちゃんとできるんだったら、そこから外れて、自由に生きていくのが幸せ**だよ」という結論ですか。

森永　そうなんです。だから、ちょっと一歩引いて、「身分社会の中で這い上がって、大都市の高級マンションに住んで、あわよくばタワマンのペントハウスから外界を見下ろす暮らしをしたいですか？」ということを自問してみるとよいと思うんです。例えば、うちは東京から2時間弱かかるんです。都心の住宅地は現在、坪500万円ぐらいするんですが、うちの周りは駅から離れているというのもあるんですが、坪50万円はしないぐらい。うちからあと30分西に行くと、坪5万円なんです。生活コストは劇的に下がるんですね。

「身分社会の中で這い上がった人たちが、何を生きがいに生きているか」というと、みんなカネなんですね。なぜカネかっていうと、それはおいしいレストランにしろ、きらきらしたエンターテインメントにしろ、愛人にしろ、全部カネがかかるからです。だから、大都市というのは、お金がある人は幸せなんだけれど、お金がない人は不幸になるだけなんですよ。

私は四半世紀ほど前の一時期、中国の上海でずっと仕事をしていて、いつも中国の人と話していたんです。まだ当時は、旧市街が残ってたんですね。当時は上海にどんどん摩天楼が建っていくわけです。中国の人たちは、「上海も昔は、みんなに楽しい町だったんだけど、今は、もう中心部はお金がないと楽しくもなんともない街になった」と言っていました。

深田　私もそう思いますね。昔の中国は楽しかったです。

森永　ところがね、うちのほうに来たら、お金はかからないわけです。特にうちは、電気も自分でつくっているし、農作物も自分でつくっているので。家計の中から電気代と食費がないという状態を想像していただくと分かりますが、**家族全員で10万円もかからないん**ですよ。

深田　すごいですね。

森永　ただ「**そういうところで、人生を楽しめるかどうかというのは、その人の教養に懸かっているんだ**」と私は思っているんですね。この間、びっくりしたのは、ラジオ局のアナウンサーがうちの畑に取材に来たので、野菜の葉を指さして、「これ、何だかわかる？」といくつか訊いてみたんです。ところが、一つも答えられないんです。野菜の葉を見て、何の野菜か分からなかったら少しも楽しくないわけです。

深田　私も分からないかもしれない……。

森永　虫の名前も知らない。雲の名前も知らない。鳥の名前も知らない。動物の名前も知らない。どこに湧き水があるかも知らない。どこに行ったらバーベキューができるかも知らない。楽しいことをやる知識もなければ教養もないと、田舎暮らしは楽しくないんです。

深田　確かに、分かれば楽しいかもしれないですね。子どもの頃は、奈良の田舎だったので、自転車で走って料理用の木の芽やハーブを摘んだり、ビワや柿がなる頃に山へ採りに行ったりして楽しんでました。そういう暮らしはお金はかからないんだけれども、ものすごい教養が必要ですよね。

森永　そう。だから、私は人生の選択肢は極論すると二つに分かれていると考えています。**教養を身につけて、自らエンターテインメントをつくり出す能力を手にすれば、お金はそんなに要らない。それは楽しい人生**です。一方、大都市のタワマンのペントハウスを目指して、ガンガン金を稼いでいくっていうライフスタイルも私は否定しません。否定はしないんですが、これはあくまでも私の個人的な感想ですけれど、**そういうものを目指しているのは、品性下劣な人ばかり**だなと思うんです。

深田　いや、本当にそのとおりだと思います。でも、そういう人たちってね、ギャンブル依存症と同じなんですよ。

森永　ああ、そうですね。

深田　お金を稼いだことで出てくるアドレナリンの感覚が忘れられない。女性を口説いて落とすまでが楽しい。別に愛しているわけじゃないんですよ。美人を落とすことにより、アドレナリンが出るんですよね。女性自身には興味ないんです。つまり、お金に執着する人たちは、「お金に本当に興味があるのか」と言ったら、使いまくっているんだから、ないんですよ。ということはね、ギャンブル依存症と同じような状態になっていると思うんです。だから、さっきちょっと投資銀行の話をしましたけれど、アルコール中毒、セックス依存症、ドラッグ中毒、そういう人たちが結構いるんですよ。私は比較的健全なので、仕事とアルコールだけに依存してました（笑）。

森永　はい。それと同列に、お金中毒っていうのがあるわけです。

深田　確かに**お金中毒**ですよね。だから、アドレナリンに慣れちゃっているので、新しい刺激を求め続ける。もしかしたら、ものすごい不幸なスパイラルに入ってしまっている人たちなのかもしれないですよね。

森永　お金がなくなったときに、そういった人たちは行き場を失っちゃうんですよ。うちのほうは、別にお金がなくても、楽しく生きていけるんですね。そういう意味で、私は「格差社会とか身分社会はやめたほうがよい」と思っているんです。身分社会に腹を立てて、そこに乗っかって上を目指すというのにこだわるんじゃなくて、**全く別の生き方があるん**だっていうのをぜひ考えてほしいなと思います。

深田　もっと布教したいですね。まあ、私も、手取り12万５０００円の非正規ＯＬだったわけですけれど、リスクを取って抜け出そうと思いました。転職したり、ヤフーオークションなんか始めたりして、いろいろな人たちから「勇気あるね」と言われました。ただ、冷静に考えると、朝から晩まで働いて12万５０００円で、最低賃金以下の暮らしで貯金すらできなかったわけです。それより下の世界ってないんですよね。下手するとね、**病気になって貯金も何もないから生活保護になったほうが、それよりも上の生活になってしまう**わけじゃないですか。そういうことを考えると、手取り12万５０００円台だったら、違う生き方を考えたほうが絶対に幸せ度は増しますね。

競争社会から抜け出そう思ったら、お金のかからない生活をすればよい。それは本当にそのとおりだと思いますし、いまの若い人はけっこうそういう生き方を選んでいると思います。

森永　**お金というのは、働いたときか、他人から奪ったときしか増えないんです。「他人から奪ってまで金持ちになりたいですか」と自分の心に真摯に訊いてみるとよい**ですね。

第7章 非正規労働者が激増したのはなぜなのか？

昭和時代の日本は、弱者を守るよい国だった

深田　非正規雇用で何十年も過ごした女性から、非正規カーストのかなりリアルなご相談が来ています。

彼女からのお手紙を読みます。

『私は、非正規雇用で、50代半ば。いまだに年収が250万円以下の独身女性です。派遣社員から契約社員になりましたが、給料は上がりません。それどころか、このままだと、60歳の**定年になるまでに、社員になることはもう不可能**だと考えています。やっと、非正規社員から契約社員になりましたが、時給は1200円から1100円へ下がり、年収は250万円以下のままです。契約社員といっても、6カ月とか1年で更新制になっているので、半年ごとに「自分はいつクビを切られるのか」とヒヤヒヤしています。かといって、頑張って出世しても契約から無期限契約社員になるだけで、社員になれるわけではありません。

社員になろうと思うと、契約社員から準社員になる試験があり、それは、大学新卒級の難しいＳＰＩ試験を受け、なおかつ小論文を書かなくてはなりません。私は高卒なので、大学新卒級、あるいは、大学院の人がやっと受かるような難しい試験にどうやって受かればいいのか分かりません。ただし、「準社員になったとしても、そこから社員になるということはもうかなりハードルが高く、もう不可能では……」と不安に思っています。先生は、このような**非正規内カーストに**関して、どのようにお考えでしょうか？　**昔は出世競争という言葉がありましたが、普通の社員だと出世競争に巻き込まれていくのでしょうが、私たち非正規の人間はその出世競争にすら入ることができません。**』

このような切実な相談です。

森永　現在、**非正規社員の割合が4割までになっています。私が社会に出た頃は、1割あるかどうかだったんですけれど、劇的に増えた**んですね。

実は、正規、非正規の間の壁というのもどんどん厚く、高くなっているという現実があります。

昭和の時代の日本はそうではありませんでした。私の中学などの同級生でも、若い頃、やんちゃをして不良になったり、もう一つは学生運動っていうのがあったりして――。

深田　ありましたね。

森永　ゲバ棒を振り回したり、石を投げたりして、社会からいったんドロップ・アウトするような人たちも大勢いました。ところが彼らも、30歳前後のところで大体、正社員に戻ってこられるという社会でした。それが日本の、ある意味で平等な社会をつくっていたんです。

私はずっと労働関係の仕事をしてきたから、よく知っているのですが、それが、１９９０年代から大きく変わったんですね。

深田　いつの間にか、労働階級をよくしようという運動もなくなりましたね。

森永　それまでの日本の労働省がやってきた雇用政策というのは、「できるだけ失業者を減らそう。会社にいる人に対しては、会社が雇用を守ってください。その代わり、雇用調整助成金などの補助金を政府が出しますよ」という、**雇用の安定を最優先した仕組みだったんです。それが「円滑な労働移動を支えるんだ」という建前の雇用政策に切り替わるん**ですね。

深田　よく覚えています。90年代ですね。

日本が非正規労働者ばかりになった理由

森永　そう。90年代から始まったんです。なぜそうなったかというと、私、1984年から86年まで、経済企画庁の総合計画局の労働班にいましたから、今でもすごく覚えているんですけれど、「派遣労働法」ができたんです。

深田　85年に成立して、86年に施行されました。

森永　そうです。それまでは、日本は派遣労働そのものを全面禁止してたんですね。当時、どのような説明があったのかというと、〝派遣を認めない〟という基本は変えません。しかし、派遣じゃないと困る職務もありますよね。例えば、国際会議の同時通訳です。

深田　そうですよね。確かに。

森永　この人たちというのは、当時はまだ今ほど海外との交流がなかったんで、月に4、5回、仕事があればよいほうだったんです。

深田　そうですよね。それで十分、食べていけますものね。

森永　単価がものすごく高かったから、食べていけたんですよ。月に4、5日しか仕事がないんだから彼らをずっと雇ってくれというのは無理があるわけです。その意味で派遣が適した仕事になっている。彼らは、高い技術を持っているのだから、派遣労働を解禁しても、安い労働力になるはずがないだろう。

だから、ポジティブリストをつくり、これとこれとこれはやってよいですよという職業、例えば、システムエンジニアだとか、通訳だとか、そういう人たちに限って解禁したんです。私も現場にいたんで、「それはそうかな」と考えていました。しかし、そのときに有識者たちは「この派遣労働を一般の労働に広げては絶対、駄目ですよ」と言っていた。「ものすごい格差になりますから。特に、絶対に認めてはならないのが、製造業への派遣労働。あるいは、建設業だ」と話していたんです。私も「まあ、そうだろうな」と見ていたら、それからどんどん……。

深田　拡大して。

森永　拡大していって、ネガティブリスト化っていうのが行われて、結局、「原則、自由ですよ。ここだけは駄目ですよ」というふうに。

深田　規制が変わったんですね。

森永　変わっていったんです。

深田　それが1999年。私が98年卒なので、私が短大を卒業した翌年に変わったんです。私は、両親が離婚して、父の会社をたたむことになり、その残務処理などをしている間に就職活動が遅れて、連休明けぐらいからやっと就職活動を始めました。結局、そのときには、もう非正規の仕事しかなかったっていう感じでした。

森永　実は、**派遣労働法に決定打となったのが、小泉構造改革**だったんです。竹中平蔵さんが経済財政担当大臣をしていたときに、製造業への派遣労働を解禁したわけです。その結果、いきなり製造業への派遣労働者が増えました。結局、その後、何が起こったかというと、リーマンショックの結果、大量のクビ切りが発生したわけです。要するに、派遣だから、いつでもクビが切れるわけですね。その人たちが行き場を失って、例えば、年越し派遣村ができて、みんなでご飯を食べさせてあげようというような、不安定な社会になってきました。

この「円滑な労働移動で適材適所」というのは表向きの理由で、例えば今でも、政府は「リスキリングをすれば、より成長する。より報酬の高いところにみんな転職できるんだ」と言っていますが、「ふざけるんじゃないぞ」という話なんです。今、**非正規の人が正社**

員になるだけでも不可能に近いぐらいなのに……。

深田　そうですよ！　不可能です。だって、非正規、派遣から契約社員になるまでに3年かかり、契約社員から、さらに無期限契約社員になるのにさらに数年かかり、無期限契約社員から準社員になるのに、もう大学卒級の難しいSPI試験という壁があり、それをクリアしてさらに何年か過ごして、ようやく正社員になるまでに10年以上かかる。**この厚すぎる壁。これは、スキルとは別問題**です。

森永　そうなんです。だから、表向きは、「ちょこちょこっと教育訓練を受ければ上に上がれるぞ」と言うんですが、それは絶対に不可能なんです。

深田　絶対、不可能ですよ。だって、２０００年頃、そういう職業訓練の給付金はあったんです。私が22歳の頃に職業訓練をするのが、すごく流行ったんですけれど、正社員になった子は、ほとんどいないですよ。そもそも**非正規で労働保険すら払ってもらえないブラック企業だったので、その給付金の申請すらできなくて政府を恨みました**（笑）。

森永　「なぜ非正規化が進んだか」を説明すると、１９８９年の年末にバブルが崩壊して、景気が悪くなった。そこで、企業は「**いつでもクビの切れる低賃金の労働力が欲しい**」と考えた。

正社員に関しては〝労働条件不利益変更禁止の法理〟と〝解雇権乱用禁止の法理〟があって、勝手に給料を下げたり、クビを切ったりはできない。しかしながら、そのままだと景気変動に対して企業の人件費の自由度がないから、踏み台、切りしろとして、雇用調整のはけ口がどうしても欲しかった。でも、「あなたたちは、はけ口ですよ」なんて言えない。だから、「円滑な労働移動」という一種の虚構の姿をつくって、一気に非正社員の比率を高めていったのが小泉構造改革なんです。

私は竹中さんに3回ぐらい言ったんですよ。「あなたが製造業への派遣労働を解禁したんじゃないですか」と。そうしたら竹中さんは、「知らないよ。僕はやってないよ」と。だけど、あなたが在任してたときでしょ」と強く言ったら、「いや、僕じゃなくて僕の前にもう決まっていたんだよ」といつも答える。実際、それはそうなのかもしれないですけど、**実行犯は竹中平蔵**です。

支配層は相対的な幸福と奴隷を求めていた

深田　その頃読んだ、先生の『年収300万円時代を生き抜く経済学』が私のバイブルになっています。だけど、当時、既に私たちの世代の実態はもっとひどかったんです。非正規の人たちは、年収300万円に届かないんですよ。「年収300万円時代」というタイトルがものすごくインパクトがあり、「年収300万円時代なんだ」という先生の言葉が社会問題になりました。しかし、当時20代前半のわれわれからすると、**「現在は年収200万もいってません。しかも将来にわたって300万円にたどりつけないんだ」**という現実を突きつけられた。これは、ものすごい驚愕でしたね。

森永　実は、「官僚はなぜ非正規を増やしたのか?」に対する理由がもう一つあります。2022年の国家公務員の平均年収は677万円と推定されています。一方、民間の平均は、国税庁が調査している「民間給与の実態」という賃金統計で見ると、390万円なんです。公務員は民間の1・7倍ぐらいもらっているんですよ。

なぜそんなことが起こっているかというと、民間の平均には非正社員が含まれているからなんです。国家公務員の給与統計は正社員だけです。国家公務員がどんどん給料が上がったわけではなくて、民間が落ちていったんです。その民間の中でも、正社員の収入が落ちているわけではなくて、**非正社員の数がどんどん増えていくという形で、民間の平均給与**

が真っ逆さまに落ちていっている。それが、今の日本社会の現状なんです。

官僚もずるいなと思うのは、自分たちの給料を上げるのは政治的にもなかなか難しい。けれども、**幸せになる方法がある。それは、自分たちよりもずっと下のクラスをつくるということ**なんです。

深田　下がいれば自分たちは幸せに感じられる、というわけですね。

森永　それだけではありません。要するに、**相対的な所得格差を広げることによって、札束で引っぱたいて人を使うことができるようになる**わけですよ。

深田　大企業のような支配者層が奴隷を求めたわけですね。

森永　だからね、こういう言い方は良くないとは思うんですけれども、非正規社員というのは、実は社会の中の、あらゆる矛盾のはけ口なんです。クビにしたかったらいつでもクビにできるし、給料もロクに払わない。それで、ブルシット・ジョブ、つまり、くそどうでもよい仕事を全部そいつらにさせる。そんな人たちをつくるという**非常に醜い心が生み出したのが、非正規社員層で、それをどんどん拡大させていったのが、90年代後半からの日本社会の大きな変化だった**んだろうなと、私は考えるんですよね。

深田　いや、本当に、20代の前半は、私もそれをたっぷりと味わいました。転職しても転職しても低賃金。「時給1000円をもらっている」と言うと、もう「すごい、いいほうだね」と言われた程です。それぐらい、東京以上に、地方の非正規は賃金が低いんです。でも、やっている仕事は正社員と同じ仕事なんです。

森永 そうなんです。役所の世界でも全く同じで、役所の中では統計に載る正規の公務員のほかに、アルバイトとか非正規契約の労働者がいるわけです。している仕事は全く一緒。だけど、年収を見ると、3倍以上も違っていたりするんです。私が許せないのは、そこの部分。「**同じ仕事をしているんだから同じギャラを払えよ**」ということなんです。

深田 同一労働同一賃金を守りなさい、と言いたい。

森永 そうそう。日本には、「同一労働同一賃金法」という法律もちゃんとあって、表向きは、そうしなければいけないことになっているんです。だけど、これが**ザル法**で、例えば、「正社員の場合は転勤しないといけない、あるいは、昇進しなきゃいけない。そういう宿命があるので、非正規の人たちと同じ仕事とは見なさない」と説明する。でも本当は、同じ仕事を毎日しているわけです。そういう抜け穴をどんどんつくるから、政治家の裏金と一緒で、少しも規制が利いてないっていう形になっちゃうわけですよね。

深田 やはり、そのザル法の穴を埋めていかないといけないですよね。

森永　でも、こんなことやっている国は日本ぐらいだと思います。

オランダのワッセナー合意を日本でも

深田　本当にそうですよ。だって、**アメリカでは非正規雇用は問題になっていません**。アメリカだと期間限定の仕事のほうが時給が高いことが多いんです。プレミアム料金が乗っているんですよね。企業はプレミアムを払って、正社員より高い金額で派遣社員を雇う。そして、働くほうも正社員と同等、あるいは、それ以上のお金をもらっているので満足する。期間が来たら、会社側は払うお金が減るから嬉しいということで、「正社員になりませんか」とお声掛けをする。非正規の人たちは、「給料が下がるからどうしようかな。給料は下がるけど福利厚生で、その分、待遇は良くなるから、まあいいか」と正社員になるのか、それとも、「自分はスキルがあるし、派遣で転々と仕事をしているほうが儲かるから、ノーサンキュー」と答えるか。こういうポジティブな選択肢があるんですよ。ところが日本は、そうではない。

森永　なぜそうなるのかというと、実は政策決定をしている人たちに、非正規社員がほぼいないんですよ。全て、**正社員側の強者の人たちが、自分たちに有利な制度とか、法律とか、社会をつくっている**。だからこういうことになるんだ、と思うんですよね。

深田　私もそう思います。20代で先生の本を読んで、最後は絶対、この格差社会、正規、非正規の壁という、この部分で闘っていかなければならないんだろうな、というふうに思いました、そのために「情報発信する力、モノを書く力というのを養っていかなければならない」という決意をするきっかけをいただいたのが、先生の本でした。

森永　できない話ではないんですよ。1982年に、オランダで政労使（政府・労働者団体〈日本では連合など〉・使用者団体〈日本では経団連など〉の三者）による「**ワッセナー合意**」が結ばれました。そこで決まったのが、正社員、非正社員、パート、フルタイム、あらゆる雇用形態を通じて、時給の差別は一切、禁止する。そして、例えば、福利厚生、社会保険、これも一切、差別は禁止。例えば、一日、8時間、働いている人と、3時間しか働かない人がいたら、3時間しか働かない人の給料は8分の3ですね。社会保険料も8分の3。福利厚生はどちらも使いたい放題。それで、オランダで何が起こったかというと、働き方が爆発的に多様化したんです。

深田　えー⁉　そんなことがあるんですか？

森永　だから、パートを選ぶ人が男性でもすごく増えただけじゃなくて、例えば、A社とB社、両方に勤めるっていう人も現れた。その働き方で、時給は下がらないし、当然年収も下がらないわけ。すごい人は、午前中はA社だけれど、午後はB社だとか。もう大変に選択肢が増えました。

その結果、**オランダでは、その後、奇跡の高度成長**が起こりました。その理由は、蛸壺《たこつぼ》にはまって同じことをずっとしているよりも、いろいろなところに顔を突っ込んで、様々な知識なりノウハウを得たほうが、結局、その会社にとっても有利になる、新しいビジネスの目が見つかるということなんです。

深田　確かに、うちも零細企業なのでフルタイムの人員をなかなか雇えません。「週に一回だけ経理やってくれる人いないかなー　そんな都合のいいこと言えないか……」などと悩んで、結局諦めて自分で苦手な書類整理をしています。でも、そのシステムならうちでも雇えるわけです。働く人の賃金を守り、そして、自由な働き方、そして、フェアな雇用体系にすることで、私たち日本の経済も成長できるかもしれないわけですね。

森永　オランダではできたんですよ。日本もやろうと思えばできるんですけれど、やらない。

深田　おそらく、日本の公務員は、ワッセナー合意のことも国民に知られたくないんですよね。

第8章 上位カースト・金融業界の真実

知的な仕事だと思っていたら、女を求められていた

深田　**金融業界で働いている人間は現代の身分社会の中で、上位カーストなのではないか、**と考えています。

森永　私自身は銀行で働いたことは一度もないんですが、銀行の子会社に長いこといたので、銀行員から煮え湯を飲まされるというのは、散々、経験してきました。

大学時代は、「銀行員というのは、きれいな冷暖房の利いたオフィスで、バリッとしたスーツを着て、難しい金融用語を並べたりするので、すごく能力の高いエリートなんだろうな」と思っていたんですよ。実は、それは大きな勘違いでした。もう40年以上も彼らと付き合ってきて、はっきり分かったことは、**金融業界で働いている人の9割はポンコツ**だということです。**得意なのはドブ板営業だけみたいな、ロクでもない人ばかり**なんですよ。

深田さんは金融業界でも働かれていたから、よくご存知でしょうけれども、彼らはそんなに能力が高いわけではないのですが、カネを握っているから、普通の人よりも上に立つ

という仕事の仕方、生き方をずっとしてきたんですよね。

深田　私はもともと大学生のときに株のトレードとかをやっていたので、『トレーダー志望』に限定して金融機関に応募したんですよ。ところが、オファーがあったのが、なぜか、投資銀行部門の法人営業という、M&Aとか、あと、いろいろな債券を売るという仕事をする部門でした。そのときにまさに聞かれたのが、「金融機関で働くからといってかっこいい仕事だと思うなよと。ドブ板営業をできるのか」と。

森永　あはは。

深田　そうです。「ドブ板はできるのか」と言われて、私は驚きました。

でも、そのときに「ドブ板もできます」と答えました。印刷会社で働いていたときに、自分に経理は無理だと思って社長に頼んで営業をやらせてもらったんです。そのとき、まさに飛び込み営業をしたので、できると思ったんです。ところが、入社したあと、まだ勘違いしていたことに気が付いた事件があったんです。２０００社分ぐらいの企業の財務諸表を読んで、それを表にし、エクセルに打ち込んでいって、顧客リストをつくってました。どこの会社がどんな金融商品を持ち、どんな運用をしているのかというのを私は、調査していたんですよ。「ああ、やっぱり、こういう知的な仕事はいいな」と思いながらですね。

一日の拘束時間は長いんですよ。7時までには会社に行く。会社を出るのは深夜11時、12時過ぎ。お腹は空くので必然的に、いろいろなお菓子を口にしながら仕事をする。どんどん太っていくんです。そうすると、ラインマネージャーが出てきて、「おい、深田萌絵。勘違いするなよ」と言われて。「なんですか、勘違いって⁉」「おい、おまえがどうして採用されたのか分かっているのか」と訊かれて、「もともと学生時代から金融関係のインターンをしていて、そして、アナリストもやっていたので、そういう知識、即戦力を求められて私は採用されたんだと思っています」と答えたら、「それが勘違いなんだよ。**おまえみたいな女がぶくぶく太って価値があると思うなよ**」と言われたんです。

森永　あはははは。

深田　最初は意味がぜんぜん分かりませんでした。その後、さらにマネージングディレクター（MD＝部長みたいなもの）から呼び出されて、彼の部屋に入ると、「今、体重は何キロだ？」と訊かれたんです。自分でも激太りした自覚はあったものの、すでに言いづらい体重だったんで、「何キロだろう？　最近、測ってないから分からないです。47キロくらいかな」と笑ってごまかしたら、MDに「おい、おまえ！　嘘をつくな。その体重計に乗ってみろ！」ってMDがスッと体重計を差し出したんです。金融機関の仕事で、私は体重計に乗せられたんですよ（笑）。

森永　それはひどいですね。

深田　その体重計が指し示した数値は、なんと50キロをオーバーしていました。その後、MDがラインマネージャーを呼び出して、「オンナがこんなにぶくぶく太ったら雇った意味がないから、こいつの食事制限ぐらいしとけよ」と怒るんです。

その日から、私がお弁当を食べようかなと思ったら、ラインマネージャーが飛んできて、「おまえ、何を食ってるんだよ！」と言って、コンビニのお弁当を取り上げて、カロリーをチェックするんです。そして、夜の飲み会——部署で飲み会とかに行くと、MDが、「おい、おまえ！　デブなんだからビールを飲むなよ。低カロリーのサワーにしておけ」というふうに言って、もう本当に、なぜ私はこの会社にいるのか理解できない、という状況になってきた。そういう、下劣な会社でしたね。

森永　**「仕事の能力を買っていたんじゃなくて、実際には、女を飼っている」**というのに近いことが行われていたわけですよね。

深田　そうなんですよ。当時、その金融機関は明らかにゴールドマンに負けていたんです。その負けた理由がゴールドマンにはものすごい美人の営業部隊がいたからなんです。だから、私が入社する二年前から、高学歴の美人を集めて対抗しようとしていたようです。ただ、私は、接待しなくても、当時つくったスゴイ顧客リストですでに「新卒なのに部署でセールスナンバーワン」だったわけです。だから、私が細身の美人である必要はなく、デブでも本来の「セールスで勝つ」という目的は果たせていたはずなんです。しかし**品性下劣な人たちの集まりなので、「営業数字」という目標を忘れて、「美人を集める」に固執した**んです。

脳は糖しかエネルギーに変換できません。なので、デブになるのが頭脳労働では許されるべきだと思います（笑）。

日本も外国も、女性の扱いがひどい

森永　金融業は知的で、新しいものをどんどん生み出しているようには見えるんですが、**見栄とか、ハッタリによってピンハネをするっていうのが基本のビジネスモデル**だと私は考えています。

深田　私もそう思います。

森永　だから、昔から尊敬されない業種、職業だったわけですよ。中世のヨーロッパ、キリスト教社会では、銀行業、金貸しというのは、宗教上のポジションは牛馬と同じで、最低の評価しか与えられていなかった。それが、少しずつ教会を籠絡《ろうらく》したりして、彼らが、さも能力が高くて、かっこよくて、社会の役に立つ仕事をしているんだというふうに見せかける社会づくりができた。しかも、それがどんどん、今、幅を利かせてってているという現状があるわけですよね。

深田　そうなんですよ。私も、「男女平等でもっと知的な仕事ができる。一生懸命、勉強して、社会を良くすることができる」という勘違いをして金融機関に入りました。しかし、**女性の扱い方のひどさというのは、日本企業の比ではありません。**

日本企業に勤めているときにも女性として不満があったんですよ。「男の人と同じ仕事がしたいのに、自分だって能力があるのに、仕事をさせてもらえない」と思っていたんですよ。でも、外資の金融機関に入ると、朝の6時とか7時に会社に行って、夜の12時まで拘束される。それを女性が1年やると、もう体がつぶれるわけですよ。だから、多くの女性は1年とか2年とかで体がついていけなくなって、辞めていくんです。ストレスで難聴や網膜剥離になり、辞めた子たちもいます。果たしてこれが本当に男女平等なのか、と考えました。

森永　国内の大手銀行は、もっとひどいことをしています。要するに、女性はおばさんになると使い道がないと彼らは考えているわけですよ。ただ、日本では正社員のクビを切れないので、何をしたかというと、中高年女性にベレー帽を被せて、すごい短いミニスカートをはかせて、店頭に立たせたんです。

深田　何の罰ゲームですか、それは（笑）。

森永　これもうセクハラを通り越しているというか、もう嫌がらせの極致ですよね。私はあまり人の服装とか気にしないタイプなんですけれども、いわゆるおばちゃんが10代ぐらいの超ミニスカートをはいて銀行のロビーに立っていると、私でさえ違和感を覚えるんです。やっている本人はもっと違和感を覚えていて、辛い想いをしているはずです。そういう品性下劣というか、ロクでもない人たちがこの業界を支配している。彼らは、例えば資金需要がないときには、「金を借りてください」というくせに、「ちょっと、こいつ危ないな」と思ったり、相手の資金繰りが詰まってきたりすると、もう平気で貸しはがしにいく。

深田　そうです。

森永　そういう人たちが偉そうにしているっていうのが、私は個人的にはすごく気に入らないんですよね。

現在の金融業は、社会貢献をしていない

深田　いや、**彼らの行動は、普通の人間の神経ではできない**ですよ。しかも、私のような女性は貸しはがしに遭うことすらできない。、男の人が起業するとお金を借りられるので、貸しはがしに遭うとは思うんですけれど、私、**女性社長として起業したので、最初から貸してもらえません**でした。だから貸しはがしに遭うこともできない。２０１１年に会社を起業したときに、某銀行から借り入れを起こそうと思いました、審査部門の人が来て、「この会社を経営している男の人は誰ですか？」と訊かれました。「社長は私ですけど」と答えると、「実質、この会社を運営しているのは誰なんですか？」と訊かれたんです。

森永　ふふふ。

深田　「いや、だから私です」と答えると、次に訊かれたのは、「今、収入あるんですか？」ということでした。「いや、起業したばかりだから収入はありません」。「男はいるんです

か？」「いや、離婚したから男はいません」「別れたご主人から慰謝料をもらってるんですか？」「いや、もらってません」「マンションぐらいもらってるんですよね？」とか失礼な質問を矢継ぎ早にされて。「もらってないって言ってんだろうが！」とキレそうになりました。もう、「男がいるのか」「男に養われてるのか」「男からカネをもらっているのか」「別れた男からカネ、巻き上げたか」「資産はもらったのか」ということ、ずっと、男、男、男、男と言われ続けて。

森永　あはは。

深田　もう私、最後のほうになるとプチンとキレて、「おい、おまえ。別にお前みたいな銀行から金なんか借りたくないんだよ。そっちが借りてくれと言うから、おまえがここに来たんだよ。そんなに失礼なこと言うんだったら、とっとと帰れ、こんにゃろ」と言って怒鳴ったら、その銀行員もちょっと半泣きになって、「ええ、帰りますとも」と答えて、くすん（泣）となって帰ってったんですよ。そして、私は金欠でした（笑）。

森永　あはは。でも、それは女性だけではなくて、ちょっと個人的な話をして申し訳ないんですが、私、今、がんの治療で自由診療を受けているので、すごくお金がかかるんですよ。今、払っている医療費が1カ月に100万円を超えているんです。100万円のキャッシュを持ち歩けるわけがないので、それをクレジットカードで払っているんですけれども、他の支払いとちょっと重なると、限度額をオーバーしちゃうんですよ。仕方がないから、クレジットカード会社に、「支払い限度額を上げてください」という申請をしたんです。しかし私は、３回、申請して、３回とも却下されているんです。

深田　へえー。それは酷い！

森永　これはひどいでしょ。私、今まで一度も事故を起こしたことはないし、預金も十分あるんです、でも、「こいつもう死ぬんだ」という情報をどこかから摘んできているんだと思うんです。**「死ぬヤツには金を貸さない」**というか、「クレジットカードを使わせないぞ」と考えている。「銀行員というのは、晴れの日に傘は貸すけれど、雨の日には傘を取り上げる」という話がよくあるんですが、もう本当にひどい人たちです。

深田　本当にね、彼らは少しも社会貢献をしていないんですよ。人が稼いだお金を横取りしていくだけの存在です。彼らは存在価値がない、と私は思います。

森永　むしろ、**社会の足を引っ張っている。インチキ金融商品をつくったり、M&Aで企業を乗っ取ったり、ありとあらゆる悪さをしていて、その悪さが一気に矛盾として吹き出したのがリーマンショック**だったんです。あのときに驚いたのは、リーマンショックを主導した犯人たちは、一人も逮捕されてないんですよ。

深田　逮捕されていません。しかも、転職しても、彼らのボーナスは据え置きですからね。

森永　上のほうの経営層なんて、何億円、何十億円、下手すると何百億円というカネを手にしている。しかも、こいつらは詐欺師なのに、公的資金で救ったりするわけですよ。

深田　あり得ないですよね。

詐欺師でなく能登半島地震の被災者を助けるべきだ

森永　**政府は、そういう人たちを助けるくせに、例えば、日本でいうと、能登半島の地震で被災して苦しんでる人に対しては、なぜ今回、補正予算を組んでないんですかね。**

深田　そうなんですよ。困っている国民を助けるための予算はつけないのに、岸田さんは世界中にお金を配って歩いている。「おい、その前に能登半島の被災者たちどうするんですか？」とすごく言いたいです。

森永　深田さんのほうがよくご存じだと思いますけれど、今、半導体産業に４兆円を超える金をぶち込もうとしているわけです。いくつか説があって、うまくいくという人もいないことはないんですけれど、私は失敗すると思っています。

深田　私も失敗すると思います。だって、2ナノ半導体工場のラピダスなんて日経新聞が「買ってくれる客がいない」と報じてましたけれど、そのとおりですもの。コロナのときと違って、半導体は余っていますし。

森永　4兆円、ドブに捨てるんだったら。

深田　能登半島で配って回れ。

森永　そう。それが本来の筋だと私は思うんです。結局、この半導体産業だけではなくて、例えば、宇宙開発であるとか、それっぽいテーマにばんばんカネを湯水のように突っ込んでいます。

深田　結局、それが誰の儲けになってるかというと、一般の人は全く関係がない。**金融業者がそれをネタにうまい金融商品をつくったり、うまい資金調達をしたりして、さやを抜いてボロ儲けをするというのがいつも起こってる事態**なんですよね。

深田　本当にそう思います。

森永　だから、彼らを引きずり下ろすというか、まともな仕事に。

深田　お金を流す。

森永　流すように変えないといけない。本来の金融業というのは今とは違ったわけですよ。昔の信用金庫なんて、「こんなビジネス始めてもうまくいくかどうか分かんねえけど、一か八か社長の情熱に賭けてみるか」というふうな融資をしてきたわけです。それが銀行という仕事の社会貢献でした。

深田　そうですよね。それが本来の信用金庫と中小企業の関係でしたよね。

森永　今はもう、そういうまともな、**企業を育てよう、産業を育てようなんていう、ちゃんとした金融業者はいなくなり、どいつもこいつもみんな自分のギャラを増やす、報酬を増やすことしか考えないロクでもない人ばかりになっている。**その結果、彼らは権力者になる、だから、そこを叩き潰す。このことが必要だと私は考えています。

でも、こういうことを言うとですね、金融関係の仕事を一気に干されます。まあ、いいんですけど、干されても……。

深田　みんなむかついてますよ。だって、政府のアドバイザーは何の役にも立たない、元ゴールドマン・サックス証券だというのが自慢のバカばっかりで、「おまえ、まともにこの国で働いたこともない口先だけのペテン師の癖に、何、偉そうなこと言ってんだよ」と、私はいつも思います。

森永　**ゴールドマン・サックスの卒業生や仕事を経験している人たちが、みんな能力が高いと思うのは絶対に間違い**です。

深田　おっしゃるとおりです。

森永　むしろポンコツである可能性のほうがかなり高い、と私は思います。

深田　**ハッタリ屋が多いので、騙されてしまう。**しかも、高学歴美人ばっかり雇うというのを、先んじて始めたのがゴールドマンなんですよ。私はイギリス系の金融機関にいたんですが、メリルリンチ、ゴールドマン、その他の金融機関がどんどん美人を採用する。しかも、高学歴でモデル事務所所属みたいな女の子からどんどん採用していく。そういう女性たちは、もちろん学歴は高いし勉強もできるんだろうけれど、彼らは、一般社会とは明らかに違う基準で雇用をしているわけですよね。

そのまま金融機関に入って、そういう女性たちはもちろん一生懸命に働いてますよ。働いてるんだけれども、高年収で華々しいし、意識高い系の生活をしているんです。けれども、**非正規の世界で働いてる女性がどういう生活をしているのかとか、中小企業では産休、育休は取れないとか、そういう社会の現実っていうか、リアルを知らない人たちが多い**んです。

そんな彼女たちが、「こうやったらもっと女性は活躍できるんです」と雑誌やテレビで話したり、政府系のイベントで女性の在り方について語ったりしてくれても、雲の上の話すぎて、ほとんどの女性には再現できない話ばかりです。そういうことはものすごく感じます。

森永　だから、私、前から言っているんですけれど、イケメン税、美女税っていうのを創設すべきです。もう明らかに超過利益を得ているわけですね。

深田　あはは。

森永　それを、ブサメンとかキモメンに配れという提言をしましたが、国内では全くウケなかったんです。しかし、ブラジルのテレビ局がわざわざ取材に来て、一応、対応しました。最後にギャラをくれるというから、「ありがとうございます」と答えたら、ブラジルの現地通貨のレアルでくれるというんで、「それなら要りません」とお帰りいただいたら

――そのブラジルのテレビ局のノベルティーグッズ、大したもんじゃなかったですけれど

――それをくれました。

深田　よかったですね。イケメン税、美女税はいいアイデアですね。その税金からの給付金をもらった人が整形をしてルックスが良くなったら、今度は税金を払うほうになるわけですね。私は一生平均でいいです。あはは。

第9章 金融業界がつくりあげようとしている歪んだ世界

投資にはリスクがあることが報道されない

深田　身分を決めるものはお金ということで、**お金中毒**について教えていただけますか。

森永　いま私は、**日本人の多くがお金中毒にかかりつつある**と思っています。なぜかというと、2024年から新NISAが始まって、首相自らが旗を振って、「長期」「分散」「積み立て」。この3原則を守れば、リスクのある商品に投資をしてもずっと右肩上がりで増えていく。だから、皆さん貯蓄なんかしている場合じゃありません。投資をしなさい。そんなふうに宣伝しているわけですね。例えば、30年とかという期間で見ると、アメリカの株価は、アップダウンはあってもずっと上がっているから、預金しているよりも、遥かに有利です、というデータは簡単に出せるわけです。

ところが、**多くの人たちは、過去に大暴落をしたという歴史を全く知らない**わけです。例えば、1929年の10月24日暗黒の木曜日からのニューヨークダウの暴落は、3年弱続いて、ピークからボトムまでで89パーセントも株価が下がったんです。日本でも1989

年の大納会、年末から２００８年の10月まで、８年以上下がり続けて、このときも82パーセントも下がっているんです。だから、「すぐ戻りますよ」なんていうのは真っ赤な嘘なわけです。資金を引き出さなければならない時期に、戻していないと大損をします。ところがね、私がすごく気になったのは、７月末から８月の上旬にかけて、日経平均株価が８日連続でじわじわ下がっていったんですね。そして８月５日に史上最大の暴落をする。

深田　約４５００円。

森永　そのぐらい下がったんです。私はいま、『投資依存症』（三五館シンシャ）という本を書いていて、これが２０２４年９月９日に発売になるんです。実は「このまま真っ逆さまに株価が落ちていってみんな破産者になっちゃうと、本を書いた意味がなくなってしまうので、まずいかな。でも、みんな中毒にかかっているから戻すだろうな」と思っていたんです。案の定、翌日、３千数百円戻しました。これも史上最大の――。

深田　上げ幅でしたね。

森永　株価暴騰になったんですね。この間いちばん腹を立てたのは、日経平均が８日連続で下がったあと、いろいろなメディアが取材の電話をかけてきて、そのとき、私が、「これはバブル崩壊の前兆です。この後、本格的なバブル崩壊が起こるので、10年後になるかもしれないし、5年後かもしれないけれども、**日経平均株価は3000円まで下落することになると思いますよ」という話をしたら、全部、ボツになった**んです。もうびっくりするぐらい、きれいにボツになったんです。

深田　だってね、暴落の後のニュースは、「今こそ買いのチャンス、新NISAへようこそ」みたいなね。「えっ⁉　今から新NISAやったら死ぬでしょう」と私は思いますが。

森永　でも、本当にメディアに載ったのは、テレビでも、雑誌でも、新聞でも、「今こそ買いのチャンス」ばかりだったんですよ。実は、その意見を言っている人というのが、広い意味で言うと、金融村の住人の皆さんばかりでした。

深田　証券系とか。

森永　いや、そういう直接、金融機関に勤めている人だけではなくて、例えば、評論家も含めてです。

深田　確かに、そういう人たちもいますね。

森永　金融関係からお仕事をもらっている、ものを書いたり、講演をしたりしている人たち、です。びっくりしたのは、証券会社などは即座にセミナーを開いたんですね。今こそ投資だというセミナーの魂胆は、見え見えなわけですよ。見え見えなのに、普段の3倍以上のお客さんが集まった。だから、みんな、「もうお金はほったらかしで専門家に任せれば、どんどん増えていく。だから、老後資金は公的年金が減るとしても、投資しておけば豊かな老後が待っているんだ」と信じ込んじゃっている。

深田　金融機関に勤めた身からすると、そんなことは絶対ありません。「絶対に儲かる投資」なんてうたい文句は詐欺です。金融商品の運用は、切った張ったの世界でプロが勝っているとは限りません。プロですら大損している世界なので。**しょせんは博打**なんです。

森永　そうなんです。しょせんは博打です。それなのに金融庁長官も、「多少の値動きはある。でも、長期、分散、積み立てでずっとやれば、そのリスクは消えますよ」と言うんですけれど、そんなことはないんです。

深田　リスクは絶対に消えません。

森永　消えないし、落ち始めると、とてつもなく落ちていくというのが過去の歴史なんです。ただ、それを言うとメディアから干される。なぜそうなっているかというと、結局、**メディアの大きなスポンサー、広告主っていうのは、実は金融業界**なんですよ。

深田　分かります。私も若い頃、20代後半から30代前半には、たまにテレビに呼ばれてたんですよ。ところが、三菱東京ＵＦＪ銀行の預金横領についての記事を書いたらＹａｈｏ o！ファイナンスからも切られ、そして、テレビからも全く呼ばれなくなり、大手メディアの仕事は全部なくなりました（笑）。

森永　私も今、日航123便の発言もあるんですけれども、大手テレビ局の報道・情報系番組は全て降ろされたんですね。ただ、ラジオだけは残っているんです。ラジオは今、レギュラーを5本というか、5放送局でやっています。

深田　なぜ、ラジオはOKなんでしょう？

森永　それは、**ラジオには大手金融機関のCMはほとんど流れない**からなんですよ。「布団のことなら山下寝具」とか、そういう生活密着型のCMが主流で、ゴールドマン・サックスがラジオのCMを流したなんていう話は……。

深田　確かに、ないですね（笑）。

日銀の利上げから予想される地獄絵図

森永　聞いたことがない。だから、降ろされない。でも、**今回の言論統制はひどい**。これだけ大きなショックが来て、4千数百円の大暴落でロスカットになった人たちがいっぱい出ているわけですよ。でも、その被害者のことはほとんど報じられないわけです。

投資のリスクの大きさっていうのも報じられない。これはおかしいわけですよ。世界中で景気が、今、後退に向かっていて、イギリスはもう利下げを決めました。アメリカも9月に大幅な利下げをするだろうといわれている。そのなかで、日銀だけが逆噴射をしたわけです。それは株価が暴落するに決まっている。

深田　当然です。

森永　この**利上げは何のためにやったかというと、全部、金融業界のため**なんですね。例えば、今回、0・25パーセント、金利を上げましたよね。これはすぐではないですけれど、貸出金利にはストレートに反映します。他方、預金金利にどれだけ回したか。預金金利の引き上げは0・1パーセントですよ。つまり、40パーセントしか預金者には還元しない。でも、取るほうは100パーセント取る。そうしたら、濡れ手に泡になるに決まっているじゃないですか。恐らく、**何千億円っていう新たな利益が金融業界に**……。

深田　流れますよね。

森永　転がり込んでくるわけですね。じゃあ、**その被害を誰が受けるのかというと、一つ**

は、運転資金を銀行から借りている中小企業。もっとひどい目に遭うのが、結局、変動金利で住宅ローンを借りている国民なんですね。今はもう、純粋な変動金利で7割、あと、変動金利と固定金利の組み合わせ型を借りている人が2割いるので、日銀が短金利を引き上げると、9割の国民は一気に返済額が増える。返済額の見直しは5年に一度ですから、今、恐ろしい住宅ローン返済増のロシアンルーレットが行われようとしています。返済額の見直しの時期にたまたま当たった人がどんどん増えるわけです。

東京都区内のマンションは、2024年の上半期で、新築だと平均1億円を超えているんですね。その人たちはパワーカップル（共働きで、それぞれが高収入の夫婦）で、もうぎりぎりまで借りているわけですよ。そうすると、金利が上がると返せなくなる。そこで銀行が手のひらを返してくるわけですね。

深田　今年、億ションを買ったパワーカップルは確実にまずいですよね。

森永　まずいと思います。

深田　だって、ペアローン（一つの物件に対して夫婦が別々に組む住宅ローン。お互いに保証人になり合う）を組んだ2人が離婚とかになっちゃったりしても大変ですが、2人でやっと億ションを買えるという収入でローンを組むと、ここから不動産市況も悪くなる、金利も上がってくる。変動金利を選んでいたら悲惨です。しかも、そこに住んでしまっているので引っ越すこともできない、転売することもできない、金利だけが上がって支払いが増えるという地獄のゾーンに入ってきますよね。

森永　そうなんです。私は知り合いが実際にその大変さを経験しているので、よく分かっています。

私の中学校の同級生でいちばん稼いだ人がバブル期に大儲けをして、銀行の誘いに乗って青山にビルを一棟買いしたんですよ。もちろん自己資金だけでは到底足りなくて、そのビルを担保に借金をしました。その後のバブル崩壊で、青山のビルの価格は3割ぐらいになった。70パーセントぐらい価格が落ちたんです。当然、担保割れになるわけですね。そうすると「カネを借りて、ビルを買ってくれ」と言ってきた銀行が手のひらを返して、「カネを返せないんだったら今すぐビルを売れ」と言う。

結局、7割下がった値段でビルを売らされた。でも、売ったカネでは全部は返しきれないから借金は残るわけです。最終的に、何歳かな。50代半ばまでかな。必死に働いて、何も資産がないのに借金だけを返す生活に追い込まれたわけです。利上げをすると、そういうことがあちこちで起こるわけです。

深田　恐ろしいです。

森永　結局、そういうことが分かっていながら、なぜ日銀が利上げに踏み切ったのかというと、これは**金融業界、金融村からの要請**です。アベノミクスのときは儲からなかったわけです。ゼロ金利だと利ざやが取れないじゃないですか。金利を上げれば上げるほど金融村の皆さんは大儲けができるわけです。だから、日銀も、そのプレッシャーがあって、政策的には間違っているというのは、多分、分かっていたとは思うんですけれども、国民のことを無視して利上げに踏み切った。だから、もう**金融業界だけではなくて、日銀も含めて同じ穴のむじな**、という状況になっているんですよね。

本物が自身を演じている極悪詐欺が新NISA

深田　私は、**新NISAは戦後最大の金融詐欺**だと思います。

森永　私もそう思います。実は、先ほど、『投資依存症』という本を書いているという話しましたが、もうほぼ9割がた完成しているんですけれども、『新NISAという名の洗脳』（PHP研究所）という本も書いています。一つの課題は、恐らくこの本を出版しても、どこのメディアも取り上げないということが起こるんだろうな、と思っています。

深田　新NISAの何が詐欺かというと、大学生のときにゼミで、ずっと株価と金融緩和の量の相関をとり続けてたんですよ。緩和量が増えると株価が上がる。量的緩和の量を減らすと株価は下がる。緩和量と株価は完全な正の相関で、決定係数も高い。

だから、アベノミクスで金融緩和やったら株価が上がるのが当たり前なんです。「アベノミクスのおかげで株価が上がった」のではなくて、「金融緩和をして金融市場に、カネを流したから株価は上がって当然」という話なんです。じゃあ、今、どうなのかというと、ここ数年、日銀は出口戦略、緩和の出口を求めたので、いま、当座預金がほぼ横ばいになってるんです、ここ数年は、お金の量を下げたい下げたいと考えていたから、少しずつ下がってきてるんですよね。ということは、日銀当座預金という緩和の量が今後、減るだろうということ。つまり、株価は下がるだろうと。そこから、さらに金利も上がるだろうということを、岸田首相は知ってるわけですよ。

森永　はい。

深田　岸田首相は、自分が、日銀の金融政策を決めているのだから、株式市場を間接的に操作しているようなものじゃないですか。

ということは、彼はここから株価が暴落して、何年にもわたって株価の下落に日本が見舞われるということを知りながら、「皆さん、新NISAはいいですよ」ということをおっしゃってきたと。

森永 だから、すごく悪質なんですね。実は、SNS型投資詐欺で、私の名前がいちばん、使われたわけです。第2位のホリエモンを2倍以上、上回っていました。それと構造が極めて似ているなと思うのは、甘い話をしてくるわけですよ。「どんどんお金は増えますよ」と言ってお金を出させて、結局、最終的に解約しても一銭も戻ってこないということが分かったところで詐欺師たちは消えるんです。岸田総理がやろうとしている戦略は、これと全く同じなんですよね。

深田 そうです。新NISAに老後資金を突っ込ませて、「自動的にお金が増えるよ、新NISAに入れようね」と素人相手に説明するんだけれども、途中で本人が死ぬと相続税でそのままがっぽり取られる。

森永 ただ、SNS型投資詐欺よりも悪質だなと思うのは、SNS型投資詐欺の場合は全てが架空なんですね。私の写真とか動画を勝手に使って偽物をつくっているわけです。L

ＩＮＥのグループに参加しても、自分以外の参加者は全部サクラで偽物なんですよ。ところが、今、起こっている新ＮＩＳＡの投資詐欺というのは、**総理大臣から評論家から金融業者から、全て、本物**なんですよ。

深田　詐欺師じゃなくて、本物なんですよね。

森永　だから、普通の人がこれを見破るのはなかなか難しい。だって、みんな本物なんだもん。信じてしまうよ。

深田　しかも、**相場操縦できる方々**ですもんね。政治家が合法詐欺を国民に仕掛けているとすると、普通の詐欺師のほうがまだまともに思えますよね。

中小企業が倒産すると、個性的なお店が消滅する

森永　だから、ひどいなと思っています。彼らの本当の目的は何なのかっていうのは、実は、今から100年ぐらい前に、日本は大変な不況に陥ったんですね。そのときに何が起こったのかというと、企業がバタバタとつぶれたんですよ。バタバタつぶれた企業を丸ご

と、あるいは、店舗なり従業員を二束三文で大手企業が一気に買い集めて、巨大な経済グループができていった。それが100年前に起こった事態。だから、こんなことは口を裂けても言わないと思うんですけれども、もしかしたら、岸田総理の頭の中には、中小企業とかそんなものは全部ゾンビ企業だと。**ゾンビを一掃して、強いところに集約するんだと**いう戦略があるのかもしれない。

深田　おっしゃるとおりだと思います。菅政権時代、2021年5月に銀行法の改正があって、**銀行が中小のM&Aのディールに参加できるようになった。でも、それは禁じ手**です。銀行は企業の資金繰りが見えているわけです。中小企業の預金も丸見えです。その会社が資金繰りに詰まって、いつつぶれるかも分かるんですよ。そういう人たちがいろいろな企業に「この会社はつぶれそうだから買ったらどうか」とか「もうすぐつぶれると思うから、いちばん、安値で買ったらいいよ」ということを教えてあげたりする。中小企業をどんどんまとめて、大企業にしていくことができるわけなんですよ。そういうことを狙ってるんじゃないかな、と思いますよ。

森永　私がその戦略がすごく嫌だなと思うのは、例えば、商店街にいろんな個性のある、お惣菜屋さんとかラーメン屋さんとかがあるわけですよ。これまで彼らが庶民の暮らしを支えてきたのを、一掃して全部同じメニュー、全部同じマニュアルで提供される食事だけになっていく。**それが、本当によい社会なのか**というと、私はそうは思わないんですよね。

深田　私も全く、思いません。そんなつまらない社会はお断りです。このままだと本当に大企業であるとか、金融機関の思うままになってしまいます。

森永　しかも、その支配する金融機関の人たちのかなりの部分がポンコツだという現実がある。私は彼らの下でずっと働き続けてきたんですけれど、正直言って、二度と彼らの奴隷になるのが嫌だなっていうのが正直な気持ちです。

深田　いや、私も二度と金融機関で働きたいと思いません。

森永　こんなことを言っているから、もう金融関係の仕事は全然なくなっちゃったんですよ。

深田　私も全くないですよ。大手メディアの仕事は三菱に逆らって干され、半導体業界の闇について書いたらＩＴの仕事を干されたうえに電子商社から出禁食らって仕入れもできない、言論界の仕事はＴＳＭＣ利権について触れたら保守政治家の利権だったようで干されました（笑）。もらえる仕事がないんです。でも、こうやって追い込まれると不思議とクリエイティブ脳が働いて、**自分で仕事をつくるしかない**と腹をくくりました。

森永　**お金中毒の人たちは、まともな仕事をすべき**だと思うんです。私が今日持ってきたトウモロコシは私の農業の師匠がつくっているから、種も育て方も全て私と一緒なんです。しかしなぜか、師匠がつくると美味しさが全然、違うんですよ。中身がびっしり詰まっているし甘い。正確な理由は分からないんですけれど、確かなことは、私はまだまだ修行が不足している。ずっと全て師匠のやり方を見ているから分かるはずなんですけれど、できないんです。

深田　農業は奥が深いですよね。

森永　静岡の川勝（平太）元知事が県庁の職員に対して、「あなたたちは農家と違って知的な作業している」と言っていたんですが、**県職員よりも農家のほうがはるかに知的なんです。農家の人たちはものすごい知識を持っている**んですよ。

深田　やっぱり現場の情報量って違いますよね。

森永　私、3年間、師匠について習ったんですけど、もう3年じゃ全然、追いつかない。

深田　私も、いつかは農業に挑戦をしたいなと思うようになって、最近、畑付きの物件を見るようになりました。でも、ズボラなのでほったらかし農業について興味を持ってます（笑）。

第10章
どうしてメディアは身分社会問題を採り上げないのか？

『ニュースステーション』がなくなった理由

深田 先生、ますますお元気になられているように見えるんですけれど。

森永 元気なのか悪くなっているのか、よく分かんないんですけれど、体重は確実に減ってきています。

深田 でもお肌はもうつやつやになって、もしかして元気になられてるんじゃないかなと思いました。

森永 頭は全然、元気なので、バリバリに本を書いています。

深田 そうですよね。今、何冊、手掛けてらっしゃるんですか。

森永 今、普通の本が13冊かな。あと寓話がいま、15本書き上がったのかな。ただ、さっきまた1つ、思いついたんで、合わせると30ぐらい。寓話は出版が決まっているのは、まだ一冊だけですが。

深田 凄まじい同時進行ですね。

森永　はい。

深田　普通の人類よりもかなりハードワークをこなしていらっしゃるように見えますけれども。

森永　そうそう。この1カ月、ほぼ徹夜状態がずっと続いているという状況で……。「おまえ、病人だろ」と。

深田　あはは。病人といっても普通の病人ではなく、かなり末期っていう。

森永　そう。原発不明がんの終末期。かつ、要介護3。要介護3というのは他人の介助がないと生活できない状態。なのに1人で片道2時間、50キロを電車で来ています。

深田　すごいですね。それだけの精神力を私も見習わせていただきたいと思います。さて、今回は、「**身分社会、どうしてメディアはこの身分、格差社会を何とかしようとしてくれないのか**」というところをお話しいただけますでしょうか。

森永　20年経ったから、もう、本当のこと、言っちゃってもいいかなと思ってあえて今日、言います。

私、2000年から2004年までの4年間、『**ニュースステーション**』（テレビ朝日）という今の『報道ステーション』の前身の番組のコメンテーターをしていたんです。

深田　久米宏さんがメインキャスターをされていましたね。

森永　そうです。先にもお話ししましたように、この『ニュースステーション』という番組は、反政府かつ反財務省。「消費税増税なんかとんでもないぞ」という番組づくりをずっとしていました。ところが2004年に高視聴率にもかかわらず、番組は終わりました。建前では、久米さんが突然、「僕は辞める」と言い出して、彼の希望で番組が終わったということになったとされています。しかし、実態は違っていて、**強い圧力が外からかかってきて、番組が強制終了**させられたんです。

深田　その外からの圧力とは。

森永　これが何なのかというのは、おそらくテレビ朝日の上層部しかわかりません。ただ、久米さんもスタッフも他の出演者も、みんなヤル気満々だったのが、突然、はしごを外されるっていうことが起こったのは事実なんですね。

だから、これは私の推測です。番組の、消費税増税に反対する「反財務省」という方針に、財務省からとてつもない圧力がかかったということではないかと思うのです。実は、元国税調査官の、ノンキャリアの人で、大村大次郎さんが2024年7月24日に『朝日新聞が財務省の犬になった日』（光文社）というなかなか素晴らしいタイトルの本を出版されて——。

深田　すごいタイトルですね。

森永　そこに書かれていることは、ほぼ事実なんです。

2004年に『ニュースステーション』が終わり、番組は『報道ステーション』と看板が代わり、久米さんの後任は古舘伊知郎さんでした。半分程度にトーンダウンはしたんですけれども、ここでも反財務省の色や空気は残していたわけです。ところがこの『ニュースステーション』が終わった翌年、**2005年から1年おきに朝日新聞社に厳しい税務調査**が入るんです。もう、ボコボコに朝日新聞社は叩かれるわけです。これはもう、執拗な税務調査でした。メディアにはニュースソースの秘匿もあり、取材にはいろいろ表に出せないカネもあるわけです。そこを徹底追及して、徹底的にやっつけるということが起こったわけです。

深田　ひえー。

森永　結局、**『朝日新聞』はついに、10年近い年月を経て手の平を返して、それまでの反財務省から、完全に財務省の広告塔に論調を変え、それに『テレビ朝日』も追随する**ということが起こったわけです。例えば、今、『テレビ朝日』で玉川徹さんというコメンテーターが、言いたい放題、ズバッと核心を突くというので人気を集めていますが、例えば彼の発言は、他の分野では政府を厳しく追及するんですが、よく観察していると実は財政政策については増税派なんです。

深田　なるほど。でも、そういう人は、いっぱいいるんですよ。

森永　いっぱいいるんです。今でも『朝日新聞』を丁寧に読んでいただくと、編集委員の原真人さんなども、「財政は苦しいんです。だから、国民は増税に耐えないといけません」という論説ばっかり書いています。

深田　その割には政府の無駄遣いを全く批判しないという欺瞞。

大手マスコミの人たちはもはやジャーナリストではない

森永　そう。政府からの強い圧力だけでなく、もう一つ、私はメディアが変質した大きな原因があると考えています。

先にもお話ししましたように、実は私の父親は毎日新聞の新聞記者でした。だから子どもの頃から荷物を届けに行ったりして、新聞社にはずっと出入りしてきたわけです。

当時の新聞社は、完全24時間操業。いつでも人がいっぱいいいて、叫び声が飛び交っていました。たばこの煙がもうもうとしていて、そういう空気の中でもうみんな、「夜討ち朝駆け、徹底的に取材するぞ」という空気でした。もう、労働者ではありませんでした。
　みんな一人ひとりがジャーナリストでした。ところが最近、新聞社に行って驚くのは、大手新聞は全部そうなんですが、例えば土曜や日曜になると人がいないんです。

深田　夜も、人は少ないですよね。

森永　夜もいない。「おまえら、ジャーナリストだろ。休もうと思うんじゃねえよ」と私は思うんですけれど、みんな**普通の小市民に**なっちゃった。

深田　分かります、それ。

森永　新聞の経営っていうのは、みんなが払う購読料で成り立ってると考えていらっしゃると思うんです。もちろんそれもあるんですが、実はいちばん、大きいのは広告収入なんです。一面広告を載せると、1000万単位のカネが入ってくるわけです。それが経営を大きく支えていて儲かっていたので、社員の処遇はどんどん高くなって、新聞記者の年収が、いつの間にか、一般サラリーマンよりもずっと良くなったんです。特に朝日新聞社などは定年まで勤めると、終身年金を会社がくれるところまでいっちゃった。そうして、**高**

い給料をもらって土日休みで残業もあんまりしないみたいな暮らしをしてると、どんどん体制側の人間に変わっていくんです。

深田　私も新聞記者さんたちとお話をしていると、庶民感覚を失った特権階級気取りだなと思うことがあります。昔、株の記事を書いていたときに、記者から、「君はそうやってカネ、カネとカネの記事ばかり書いているけれども、俺はカネなんかいらないんだよ」と言うので、「じゃあ、あなたは年収いくらだったら満足なんですか？」と訊いたら、「俺はもう、８００万円とか１０００万円あったら十分なんだよ」と言ったんですよ。「いやいや、いまの非正規は年収５００万円ですら、もう、夢のまた夢なんです」と返しました。彼らには庶民の実情が、全く、分からないんですよ。

　年収３００万円以下の収入の人が、もう労働人口の約38パーセントという現実が肌感覚で分からない。彼らはエリートなんです。本来は彼らが権力と闘って一般庶民のための盾となってくれないといけないはずなのに、**彼らは体制側に寄って、一般庶民を見下す側に立ってしまった**。

森永　そうなんです。『朝日新聞が財務省の犬になった日』でも指摘してるんですけれども、その最終決定打となったのが、**軽減税率**なんですね。消費税が10パーセントに上がるときに、なぜか宅配の新聞のみが消費税8パーセントで据え置きだったんです。

深田　新聞なんて生活必需品でも何でもないのに、おかしいですよね。

森永　おかしいんです。しかも、例えば『朝日新聞』、『毎日新聞』、『読売新聞』は8パーセントなんですけれど、同じ新聞でも『夕刊フジ』とか『日刊ゲンダイ』は10パーセントなんです。

深田　そうですよね（笑）。

森永　何が違うんだよ。当然のことながら、『週刊文春』も『週刊新潮』も『週刊実話』も10パーセントなんです。

深田　税金には、「公平性」というものが担保されなければならないですよね。

森永　だから結局ね、これは、はっきり言ってグルになったとしか思えないわけですよ。「財務省に籠絡されることにより、日本のジャーナリズムは、死んでしまったんじゃないかな」と私は考えています。実はね、『週刊文春』なんかはまだ頑張っているほうなんですけれども、今、**YouTubeやネットニュースでは、『週刊文春』も比較にならないほど、言いたい放題**――ちょっと言いたい放題過ぎるところもあるんですけれども（笑）。でも、そこには圧力が掛かってないっていうか、圧力を掛けきれないんだと思うんですが。

深田　数が多過ぎますからね。

大手メディアでは真実を伝えることができない

森永　逆に、大手の新聞社、大手のテレビ局は、結局、本当のことを伝えないということになっている。

深田　そうですねえ。

森永　ここが日本のいちばん大きな問題なんだと思うんです。ただ私は、それでもぎりぎりいっぱいまで、テレビとか新聞とかで論説を展開しようと思って今までやってきたんですが、今やもう、バラエティには、まれに出ていますが、**情報報道系からは完璧に干されるようになりました。**

別に殺されてもいいんですけれども、名前を言うと、ちょっと命も危ない話があります。去年だったかな、あるテレビ局のプロデューサーがスタッフに「**これからは本当のことを言うコメンテーターは一切、使わない**」と言ったんです。

深田　なんですか、それ。

森永　もう、そこまで堕落しているっていうのが日本のメディアの問題なんです。ただ多くの人たちはその実態を知らないから、「大手メディアで流される情報が正しいんだ」と思っている。

たとえば私、テレビに出ようと思ったら割と簡単に出られると思うんです。「日本の財政というのはね、とてつもない借金、赤ちゃんまで含めて一千数百万円の借金を抱え、財政収支も大幅な赤字になっています。この赤字を続けると孫の代までツケを残すことになるので、今の時代を生きてるわれわれの責任として、やはりつらくても増税、特に消費税増税には耐えないといけません」と言うと、バンバンお呼びが掛かってくるんです。

深田　出演依頼が殺到しますね。

森永　だからもう、この**腐った体制は、もう、なんかほとんど中国とかロシアとか北朝鮮みたいなんですね。**

深田　本当、そうですよ。党独裁体制、言論統制、司法の腐敗、庶民の貧困化、どこをどう採ってもそうです。

森永　だから、そこを何とかしないといけないんですけれど、私も、努力はしてるんですけれど、大手メディアを改革するっていうのは残念ながら成果を生んでいないという、結果がある。あとはＹｏｕＴｕｂｅにあちこち出たりして、言いたいことを言うということしか、残念ながら今のところ、手がない。

深田　**言論で頑張りましょう！**　いま30冊、手がけていらっしゃって、今年売れた本ですとか、これから売れる本なんかを考えると、森永卓郎先生のお名前で、１００万部媒体ですよね。大変な影響力だと思います。

森永　多分、１年間で１００万部ぐらいいくと思うんですけども、今、出版不況なんで、１００万部売るヤツなんていないわけですよ。

深田　いませんよ。

森永　ぶっちぎりのトップであるにもかかわらずですよ。どこのメディアもそのことさえ報じないし、『書いてはいけない』とか『ザイム真理教』の本の中身を紹介することも、一切、ないんですね。

深田　彼らにとって、危険な本ですから。

森永　ただ、それでも私は真実を伝えたい。

それには毎日新聞の記者だった父の存在が影響しています。私が大学生だった１９７７

年に、毎日新聞が事実上倒産し、父は退職しました。失業後、生活が一気に苦しくなりました。そんな時期に父に大きな仕事が舞い込んできたんです。世界的に有名な作家の作品の翻訳を依頼されたんです。

「大金が転がり込んでくる。これで貧乏から脱却できる」。家族みんながホッとしましたが、ぬか喜びに終わりました。父が出版社と編集方針で対立して、話が流れてしまったのです。父は何カ月もかけた手書きの原稿用紙の束を焼却炉に放り込むという暴挙に出ました。原稿が赤々と燃える激しくも哀しい景色を見ながら私は、「父はお金よりも自分の信念や正義に従って、正しく生きようとしているのだろう」と感じたのです。

深田　森永先生の本には、その信念を貫く意思を強く感じます。

森永　ところが、政府の方針に従わない私の本に関して、マスコミはもう、完全無視。例えば私は多少、本屋さんの経営とかには貢献してると思うんですが、本屋大賞も私のことは完全無視。

私、名誉なんて全く、いらないんですけれど、盾をくれたり、トロフィーをくれたりすると嬉しい。あんまりデカいと置き場所に困るので小さい、10センチぐらいのものでいいんですけれど。あとメダルをくれるとか、うちの博物館に展示できるから、物《ぶつ》が欲しいいんです。だけど、そういう動きは一切ないですからね。

今からちょうど21年前かな。『年収300万円時代を生き抜く経済学』が続編込みで四十数万部、売れたんですよ。そのときは版元の光文社が鉄人28号のフィギュアがおまけで付いている本をくれました。そのときの鉄人フィギュアは、うちの博物館に飾ってあるんです。鉄腕アトムでも何でもいいから、取りあえずフィギュアがほしいな。

深田　あはは。フィギュアといえば、私、実はフィギュアをつくっている会社、海洋堂さんの下請けで働いていて、グリコのおまけとかチョコエッグの中身をつくってたんですよ。

森永　うわあ、そうだったんですか。素晴らしいお仕事ですね。

深田　本当にコレクターってすごいですよね。スバル360をつくっていた時期があって、1センチぐらいの小さなスバルですよ。そのスバルから1ミリぐらいのドアミラーが出てるんです。そのドアミラーの右側がちょっと傾いてたんです。その件に関してクレームのお手紙が来たときに、私はびっくりしたんです。

「こんな虫眼鏡で見ないと分からない傾きを発見する人がいるのか、オタクってすごいな」と思ったら、同じ内容のクレームが全国から2000通、全部、違う人から来て、本当に、「コレクターってすごいな」と感心しました。2000人、本気でグリコを集めてる大人がいることがすごいと思ったんです。

森永　グリコのおもちゃってね、別格なんですね。他の菓子メーカーはおまけと言ってるんですけれど、グリコ本社は「グリコのおもちゃ」と言わないといけないんです。

それはなぜかというと、創業者の江崎利一が、「子どもの天職は、食べることと遊ぶことだ。グリコは両方を同時に子どもたちに与える。だから、おまけっていう付属物ではなくて、グリコの小箱に入ってるおもちゃもグリコの栄養菓子と同じ位置付けなんだ」という信念だった。今まで3万種類ぐらい、このグリコのおもちゃは出ているんですが、私はもう、創業時からずっと集めていて、今まで3万種出たうちのほぼ半数、1万5000種類ぐらい、うちの博物館には飾ってあるんです。

それで私は今、何の仕事をしているかというと、そのおまけを通じて日本の戦争、あるいは高度経済成長など、いろいろな歴史が見えてくるんです。この「グリコのおもちゃを通じた日本の百年史」というのを今、書いていて、なおかつ予算がないのでカメラマンもノーギャラで私が全部、やっています。だから今、何の仕事をされてるんですかって聞かれたら、「カメラマンです」というのがいちばん正しいのかもしれない（笑）。

深田　いやあ、本当にいつも**精力的ですごい**なと思います。

第11章 なぜ政府はこの身分社会に対して何も対処しないのか？

政府の後ろにいる資本家は、庶民が豊かになると困る

深田　**「なぜ政府はこの身分社会に関して、これだけ低所得者層が増えているのに何もしないのか」**。この謎についてはどうお考えですか。

森永　これは表面的には政府がやっていることになっていますが、実際は政府をコントロールしている権力者、富裕層の意図が大きく働いているんですね。実は、東大教授だった神野直彦先生は現場労働者で、低所得者層だったんですけれど、そこから積み上げて東大教授になるという、多分、他に例のない出世をした人なんです。私は直接、大学で講義を受けたわけではないのですが、いろいろな研究会でご一緒して、彼の思想なり言論に触れて、勝手に師匠だと思っているんです。

この神野先生が、小泉構造改革の本質に関して極めて明確な分析をしています。小泉構造改革で一気に非正規社員が増えたんですね。要するに、非正規を意図的に増加させたわけです。なぜそんなことをしたのかというと、実は**経済が成長するときに、みんなが一律**

に平等で豊かになると、権力者、富裕層あるいは資本家にとって困ることが起きるわけです。

深田　何が困るんでしょうか。

森永　それは「**カネで人を動かすことができなくなる**」ということなんです。生活が満ち足りてしまうと、働く気力を失います。飢餓感を失った人たちは、カネで自由にコントロールができない。ただ、所得水準が上がってもコントロールする方法はある。それは「相対的貧困を残すことだ」とおっしゃっています。

実は貧困というのは2種類あるんです。一つは、**絶対的貧困**。これは大ざっぱに言うと、「年収100万円以下だと食うや食わずになる」ということです。お腹が空いている。そういう状態の人たちは、お金を見せるといくらでも働くわけです。しかしながら、所得水準が上がっていくと、そこまではしない。

現在、低所得層でも飢え死にすることはありません。ところが格差があると、やっぱりみんな大多数の人のほうを見るから、飢え死にすることはなくても自分だけが貧困というのは望まないわけです。

所得の中央値、ざっくり言うと平均みたいなもので、いちばん所得の層の分厚いところの半分以下しか収入がない人たちを、国際的には**相対的貧困**と呼んでいます。小泉改革以後、日本ではその割合がすごく高くなりました。しかしながら、これは富裕層には実に都合のいい状況を生むわけです。

深田　どんな状況ですか？

森永　一つは、**上のほうに立つ人は、そういう層がいると気持ちがいい**わけです。例えばタワマンのペントハウスに住んでいるとします。ペントハウスでいい気分になるためには、下界をうごめく庶民がいないと駄目なんです。みんなが金持ちで、みんながペントハウスに住んでたら、ペントハウスの意味なんかなくなってしまうじゃないですか。

深田　そうですね。

森永　「下界で蠢いているおまえらは貧乏人なんだ。俺は資本主義の勝ち組だからな」という気分を味わうためには、どうしても見下す相手が必要なのです。

深田　そういえば、タワマンも下界を見下ろせる高層階と足腰が弱い人が好む低層階が売れて、中間層が売れ残るなんて話もありましたもんね。

森永　もう一つは実利の面で、実は**富裕層だとか権力者も自分たちの暮らしを支えるためにはさまざまな人のサポートが必要で、いわゆる3K労働と呼ばれている仕事が必要**なんです。その人たちの所得を抑えることによって、安い値段で、しかも権力を振りかざす形で、自分の暮らしを改善することができる。われわれは、低所得層というと、若年や中高年の低所得層を思い浮かべるんですが、もちろんそこも問題なんですが、**実は高齢層に対しても、小泉改革以後、年金をものすごい勢いで切り下げてきた**んです。

深田　母の年金が月5万円ぐらいだったと思います。

森永　しかもそこからさらに国民健康保険料だとか介護保険料を取るわけです。

深田　ひどすぎます。庶民は生活できないじゃないですか！

高齢者までが、資本家の下僕にされていった

森永　そのことにより、現在何が起こっているかというと、**今まで可能だった悠々自適の老後が日本から消えそうになっている**んです。

深田　高齢者も、もう、皆さん、働いてますよ。

森永　それは働きたいから働いてるんじゃないんです。カネがないから働いているんです。これもあえて言うと、彼らは、どういう職種で働いてますか？　カネのために働く時とい

うのは、例えばマンションの管理人だとか、ビルメンテナンスでお掃除をする、あるいは倉庫で番をする。あるいは荷物整理をする。あるいは警備の仕事をするという仕事です。職業に貴賤はないんですけれど、「その仕事を生きがいとして好きでやってる人がどれだけいるのか」というと、少なくとも私の周りでそういうふうにして働いてる人に、「どうして働いてるんですか？」と聞くと、「カネのために決まっている」と答える。

結局、そんなふうに庶民を追い詰めることによって、今まで働いて苦労してきた高齢層までが悠々自適の暮らしを奪われて、資本家の下僕《げぼく》になっていく、**権力者、富裕層が望んでいたから、どうしても構造改革では国民を二分して低所得層の、天井があって上に行けないような層を爆発的に拡大させる必要があった**わけです。それを小泉政権はとてつもないスピードでやった。その結果、今や非正規社員が4割にまでなってしまった。

深田　本当にこれ、深刻な問題なんですよね。**女性の労働者の4割弱が年収200万円以下、6割弱が300万円以下**なんです。もちろん、配偶者控除の壁という問題もありますが、独身で働いている女性たちや地方の女友達は、年収200万円台前半が多いんです。**非正規の独身女性は、病気になって仕事を休めば生活できない貧困に陥る**予備軍です。

女性の活躍推進なんて、政府の夢物語です。この国で女性がキャリアを積むというのは、大企業に入った一部の女性以外にはあり得ない構造になってます。

森永　そうです。資本家たちはとてつもない差別意識を持っていて、こんなこと口に出したら生きていけないから誰も言わないんですが、女なんて「へっ！」て思ってるんですよ。**弱いところを攻めて突き落とすという政策をずっと採ってきて、そのターゲットになったのが、女性と高齢者。**ここを徹底的に低賃金労働にしていく。でも最近はそれだけでは物足りなくなってきて、一気に外国人労働者の受け入れに舵《かじ》を切りましたよね。

ただでさえ低所得層がいる中で、外国から低賃金で３Ｋ労働する人をバンバン入れたら、日本人の低所得層の給料の足をさらに引っ張るということは、誰が考えたって当たり前じゃないですか。

深田　女性と高齢者を切り捨てる政策が堂々とまかり通ってます。

森永　でも、**あえてそういうふうな社会にしたいというのが、今の権力者たちの欲望であり、最大のニーズ**なんです。

深田　外国人労働者が女性の賃金を押し下げるというのはあると思います。最近、驚いたんですけれども、カバン製造職人の方のＹｏｕＴｕｂｅを見てると、厚生労働省の発表で、ミシン縫製工さんたちの平均時給が887円だというんです。これはもう、最低賃金を割っているわけですよ。なぜこんなことになるのかというと、やっぱり外国人労働者がその分野に大量に入ってきて、その人たちの全体の給料を押し下げているんですよね。明らかに、**外国人労働者の大量流入が女性や高齢者が得意とする軽作業の職を奪い、賃金の下降圧力になっている**わけですよね。

身分社会が生まれたのは、権力者たちに教養がないから

森永　「そういう社会がなぜできたのか？　なぜ、小泉改革以降、一気に進んだのか？」というと、あえて言えば、**権力者たちに教養がないから**だと思うんです。教養があればいろいろなクリエーティブな仕事ができるわけです。例えば音楽をやってもいいし、ダンスをやってもいいし、俳句をつくろうが、私みたいに寓話を書こうが、楽しいことがいっぱいあるわけですよ。ところが金持ち連中と話してると、彼らの人生の下劣さがよく分かるんです。教養のかけらもないやつらが大部分を占めていて、人を見下すことによってしか

自分の存在価値を確認できないという、こいつらは最低の人間なんです。

深田　そういう人たちに大勢お会いしたことがあるので分かります（笑）。美人のお姉さんをカネで口説きたいという、そういう人たちは、残念ながら、女性を見下しています。

お金でなびく女性が現実にいる。しかも一部ですが、すごい美人でもお金になびくわけなんですよね。そういう人たちは結局、愛のない人生を送っているんですけれども、そういうカネ目当ての女性に、転がされているだけなのに、自分はモテているというふうに勘違いをしている人たちが、後を絶たずに次々と出てくる。現実は、すごいなと思います。

森永　そこも教養のなさを露呈してるんだと思うんです。そういう金持ちにすり寄る女性も女性なんですけれども、本当にその女性のことが好きだったらその人の中身が好きなはずなんです。でも中身を一切理解せずに、体だけ取れればそれでＯＫみたいな。品性下劣、ロクでもないヤツらが支配層になっているというのが、現在の日本。これは、ある意味で先進国はみんなそうで、アメリカも同じなんですけれども、世界の病気なんだと思うんですよね。

深田　そういう、お金中毒で、金持ちであることを自慢することによって自分を保っている人たちは、救いようがあるんですかね（苦笑）。

森永　私、ＮＨＫのロケで女流歌人と一緒に昼から夕方までロケしたことがあるのですが、半日でその人に恋をしちゃったんです。なぜかというと、彼女はお金のことなんか一切考えないいんです。いかに恋をして、その恋を歌に昇華させるか。それしか考えていないんです。

私の周りっていうのは、もう、全部、銭金の汚いやつらばかり。その女性は、見た目は普通の人なんだけれど、「こんなに心がきれいですごい人、こういう純粋無垢な女性がいるんだ」と私に新鮮な感動を与えてくれたんです。私、そのロケをしながら、ロケの後半はずっと彼女に対する恋心を本当に高めていって、最後、あしや川のほとりでエンディングのロケを行ったのですが、短冊に彼女への思いの丈を筆に込めて、歌を献上したんです。

それを読んだ彼女がニコッと笑って、「森永さん、この歌はあしや川に流しましょうね」と言って、私の恋心はあしや川に沈んでしまったんです。以来、浮かび上がっていません。

深田　あははは。ロマンチックなお話をありがとうございます。お金持ちが「何十万円かの品物をプレゼントしてあげるよ」と言うところで、歌を書くというのが先生のすごいところですけどね。

森永　だから金持ちに言いたい。「**おまえら、短歌をつくってみろ**」と（笑）。

深田　でも、シェイクスピアがこのような名言を残しているんです。「女性という生き物はどんなに美しい詩を送っても反応しない。ただし、たった一粒の宝石で彼女らの心は動く」。

森永　あはは。もうそれ、やめようよ。

深田　夢がなさすぎますね、やめましょう。あははは。

第12章 身分社会に対して、私たちはどうやって闘っていけばいいのか

身分社会での闘い

深田　「身分社会、私たちはどうやって闘っていけばいいんでしょうか？」に関して森永先生にお話をうかがいたいのですが。私は、低所得者層で力を合わせて闘うのがいいんじゃないのかなと思うんですが、先生はどうお考えでしょうか。

森永　多くの人が多分、そう思っているし、150年前のマルクスも、「階級闘争が激化し、やがて革命が起きて、資本主義体制から社会主義、あるいは共産主義体制に変わるんだ」と、書いています。今でも、それを信じている人のほうが圧倒的に多いと思います。しかし、私もそれは間違いではないとは思うんですけれど、なかなかそれではいまの体制はひっくり返せない、と考えます。

現に、むしろ大衆は、小泉純一郎さんが自民党総裁選挙に出たときに圧倒的に支持するというような行動に出てしまった。

深田　そうなんですよね。

森永　私はこれまでの人生でずっと誰とも共闘しないで、**たった1人で闘い続けてきました。**それには理由があります。一つは誰かと力を合わせて共闘すると、自分の意思とは別に、その相手に巻き込まれる可能性がある。もう一つは、相手を巻き込んでしまうリスクもある。私が捕まったりすると、その人も連鎖して捕まるわけです。三つ目は、強い仲間をつくるということは、実は仲間をつくればつくるほど仲間外れの人をつくるということになってしまう。その三つの要因があって、1人で闘うことにしたんです。

ただ、せっかくの機会なのでお話をしておくと、私は他の人と違って誰に対しても常にオープンなんです。メールアドレスは公開していますので、どんな主張をしてる人でも、メールは受け付けます。どんな人が話をしたいと言ってきても話はします。メールに関しては、1回目はタダ（無料）で返しています。ただし、2回目以降は、お金を取っています。メール1回往復で1万円プラス消費税。今、ちょっと事務処理が大変なので、パッケージで10回分まとめて10万円を事前振り込みにしています。どうしても私と話したい人には、今はちょっとコロナ感染とかもあるので対面は一時的に中止してるんですけれど、Ｚｏｏｍでよければ60分間セット料金で、税込み20万円。それを事前に払えば、どんな人とでも話します。

深田　すごいですね。私は、そこまでオープンにはなれないです。特に私の場合は、どんな人が来るか分からないので（笑）。

森永　女性は、そんなわけにはいきませんね（笑）。私は、常にオープンにしていますが、お金は取っています。それよりもむしろ、親切に何でもかんでもタダでやってくれたり、投資のアドバイスをしてくれたりするほうが怪しいわけですよ。

深田　そんなの絶対に危険ですよ。

森永　ＳＮＳ投資詐欺で、名前を使われてるだけなんだけれども、私のことを信じ込んでしまった人は、「だって毎日毎日、何回も、先生は親切にアドバイスをくれたじゃないですか。先生の本がタダで送られてきたんですよ」と言うのですが、「なぜ見ず知らずの人にいちいちサポートをしなきゃいけないのか？　なぜ本をタダであげないといけないんだ？」ということに気がつかないんです。

深田　タダほど怖いものはありません（笑）。

森永　この**1人で闘う戦法は、実は大きな効果を持つというのは、歴史が証明していると**私は考えています。

例えば、ナチスドイツがパリを占拠しました。ヒトラーがパリを占領したんです。そのときにナチスがいちばん困ったのは、フランスの軍隊ではなかったんです。当時のパリでは、レジスタンス（抵抗）運動があった。普通の市民として暮らしているが、家に帰るとそっと窓を開けて銃を構えて、ナチスの兵隊が来ると、銃弾を撃ち込む。これは怖いですよ。軍隊対軍隊だったら相手が見えるけれども、これは敵が分からない。

深田　確かに、そうですよね。国民党の便衣兵（民間人を装った兵隊）みたいですね。

森永　ナチスは強かったんですが、街を普通に歩いていて、どこから、誰が撃ってくるのかが分からない状態っていうのがいちばん、怖かったし、それに対して弱かった。結局、それだけが理由ではないのですが、ナチスドイツは敗れたんです。

同じことがベトナム戦争のときも起きました。ベトナム戦争のときも物量ではアメリカ軍は圧倒的だったんです。何に手を焼いたか？　それは、ベトコンなんですね。

深田　ベトコン兵は森林のどこに隠れてるか分からない。小さいし、早いし。

森永　いつ襲ってくるか分からないっていうのは、兵士、米軍兵にとっては恐怖以外の何ものでもなかった。結局、アメリカはベトナムを散々、破壊したんですけれども、最終的にどっちが勝ったかっていったら、ベトナムが実質的な勝利を収めたわけです。

深田　**最後は正規軍ではない闘う人たちがいちばん強かった**ということですね。

言論界で最高のカード

森永　だから私は共闘しません。私が呼びかけているのは、「全ての国民が、自分がいるポジションでできる範囲のレジスタンスを徹底的にやりましょう」ということです。ただし連携するとつぶされるので、ゲリラのように勝手にバラバラにやりましょう。これが、私がずっと言い続けている戦略で、私はその先頭に立っているつもりなんです。しかも私は、今は**世界最強のカード**を手にしています。

深田　何ですか、世界最強のカードって？

森永　私は今、がんで余命宣告を受けていて、本当に、いつ死ぬか分からないわけですよ。実はがんっていうのは、免疫細胞軍団とがん軍団が関ヶ原の合戦みたいなのをやっていて、ちょっとでもパワーバランスが崩れると、がん軍団が優先になって一気に死んでしまうんです。これは、私の周りを見ていてもそうなんですね。昨日まであんなに元気だったという人が、ぽっくり死ぬんですよ。

深田　えー!?

森永　だから私は、いつ死ぬか分からない。そう長いことはないっていう状況にいます。第6章でもお話をしましたが、理屈で考えると、**私のような、もうすぐ死ぬヤツを殺しに来るヤツはいない**んです。

だって、ほっときゃ死ぬんだから。わざわざ殺すリスクを負う必要はないわけです。「**何を言ってもOKな治外法権状態**」に私はあるわけです。

深田　最強ですね。言論界最強の人物！

森永　久米宏さんがクビになったなんて話は、今まで誰もしたことがないんです。でも、「もういいじゃん、言っちゃえ」というのが、私の意見。私が言っても、多分、言論統制する側は「まあ、もうすぐ死ぬからしょうがねえや」で済む。

深田　そうですね。森永先生を暗殺するために、わざわざ銃を自作して来る人はいないでしょうね。

森永　ただ、体制に対してレジスタンスをしないと一方的にやられるばかりになるので、思いっきり抵抗しましょう。でも、それは一人ひとりの闘いになるわけです。

深田　私も**先生の『年収300万円シリーズ』を読んで、ジャーナリズムをやりたいなと**

思ったんですよ。一生、非正規のまま生きていくのは絶対に、嫌だと思いましたよ。必ずこのカーストをぶち壊すか、カーストを登るか、何とかしたいと本当に思いました。その頃に、「非正規雇用や低所得層問題を解決する言論をやりたい」と、真剣に考えました。そういう意味で、やはり森永先生は先頭を切っている人だと尊敬しています。

森永　でもね、この間、ネットで文句を言ってきた人がいて、「この本で森永は5億円も稼いだだろう。金持ちが何を、文句を言ってんだ」と言うんです。しかし、ちゃんと算数を勉強してほしいなと思うのは、このシリーズの総売り上げが5億円なんです。だから、厳密に言うと出版社である光文社は5億円稼いだわけです。印税はパーセントで、このシリーズは、私が書きたいことを話してKというライターが書いた。つまり、印税10パーセントを彼と分けているので、私のところに入ってきたのは確か7パーセントなんです。だから3500万円ぐらい入ってきて、そのうち半分を税金で持っていかれたので、私の手取りは2000万円には届かないというぐらいの感覚。2000万円と5億円というのは随分、違うので、「そこら辺の数字の感覚をちゃんと磨いてから、文句を言えよ」というのが私の主張なんです。

深田　意外と、そういうお金の感覚がない人が多いんですよね。自分がいくら貰って、その中で、日々の生活でいくら使ったみたいな計算ができる割には、**誰がいくら儲かっているのかというのが見積もれない**。そういうタイプの人たちは、お金って稼げないんじゃないのかと思います。

下劣なことをしてお金を稼ぐよりも、生活費を下げる

森永　ただ、いっぱい稼いだからといって、それで幸せになれるかというと、私はそうは思っていなくて、むしろ普段のリビングコスト、**生活費を下げることによって、お金に縛られない人生をつくり上げる**というほうが、最優先じゃないかなと思いますけどね。

深田　そうですよねえ、私も今、都心に住んでいるんですが、森永先生とお話をさせていただいてから、車でちょっと離れた所に土地付き、畑付きの中古の家を買おうかなという気持ちになってきたんですよ。

森永　今、すごく安いですよ。駅から離れたら、家と畑と山まで付いて１００万円というのがいっぱいあります。ただ、**あんまり田舎に行くと人間関係が濃すぎて**、それに耐えら

れない人が多い。そこは本人の受容力っていうか、どのくらいだったら耐えられるかというのを冷静に判断して、都会に近い所から離れた所、これくらいの距離感だったらいけるかな、と考える。

深田 例えば、田舎に引っ越したら、ゴミ捨てルールで近所の人と折り合いがつかなくて都会に戻ってくるという、あるあるですか？

森永 もっと大変です。私は個人的に言うと、家に勝手に他人が入ってこないっていうのと、もう一つ、罠にかかったイノシシの解体を強要されないというのが絶対条件。

深田 あははは。何ですか、それ。

森永 田舎に行くと、そういうことがあるんですよ。田舎のタンパク源は、罠にかかったイノシシと交通事故にあったシカなんですね。みんなが集まってそれを解体して食べるんです。解体して、血だらけになって、それを食べる。特にね、沖縄なんかに行くと、ヤギを解体して、生で食べるわけですよ。

深田 生ですか。

森永 本当、根性がないと言われたら、そのとおりです。私は駄目なんですよ。煮れば大丈夫なんですけれども、解体が不得意中の不得意なんです。

深田　森永先生は、フィギュアの解体だけですよね。

森永　フィギュアはいろいろ修理したりするのは得意なんですが。

深田　でも、その近所付き合い、濃すぎるな。ちょっと予想以上。あはは。

森永　うちは、ぎりぎりなんです。どうしてかと言うと、今年、うちの隣町までイノシシが来た。うちはまだ来てない。今年、来ちゃうかもしれないですけれど、うちはイノシシは、ぎりぎりいっぱいの所で踏みとどまっている。

深田　田舎の近所付き合いは、ごみ出しで揉めるとかそういうレベルかと思ったら、イノシシまで付いてるんですね。

森永　いやあ、だからねえ、私の友人で田舎に転居したっていうか移住した人が何人もいるんです。そこに勉強のためもあって顔を出すんですよ。ただ、田舎に行くと絡まれるのが分かってるんで、私はレンタカーを借りて誰にも言わずに、そっとその家に入るんです。でも、家に入って1時間も経たないうちに、近所のおばちゃんたちが「森永が来ているんだって」と言って、芝漬けを持って集まるんです。

深田　あははは。大歓迎ですね！

森永　夜になると、近所のおっさんたちが一升瓶を抱えて集まって、もう、それから夜中までずっと宴会なんです。それを毎日、続ける根性はちょっとない。やっぱり1人でいる時間もほしいわけです。

深田　確かに。

森永　**そこら辺の距離感っていうのを見極めてから家を買わないといけない**と思います。

深田　分かりました。見極めておきたいと思います。いつ、私の所にも権力者が圧力を掛けに来るか分からないので、自分の逃げ場として、畑付きの家を――。

森永　事前に確保しておくっていうのは、一つの手かもしれません。

権力者たちと闘っていくために教養を身につける

深田　そう思います。最後に、**一般の人たちが自分のやり方で闘い抜くポイント**は何でしょうか？

森永　そのレジスタンスをするためにも、まず、必要なのは、**教養を身につけること**です。これは**「生きがいづくり」と、もう一つは「真実を見極める力」**です。ぼーっとテレビとか大手新聞だけ見ていても何も見えません。むしろ騙されてしまう。ただ、今、いい世の中になったので、**ネットニュースやYouTube、書籍などを見れば、本当のことを書いてあるものがたくさんある。**だからそこから自分なりに、頭を使って意見をまとめていくことをしていくべきだと思いますね。

深田　私もそう思います。たまにコメント欄に、「いろいろな意見が出てるけれども、一体、何が本当なのか、誰を信じたらいいのか教えてください」みたいに書いてありますが、森永先生は、どうお考えですか？

森永　たくさん読めば、だんだん分かってくると思います。こいつは、政府の犬だなというのは、数をこなすと分かるんですよ。例えば就活で企業を訪問するときに、いっぱい数をこなすと、ロビーに入った瞬間に、「あっ、この会社は差別をする会社だな」とか、「ロクな会社じゃないな」というのは実感するんですよね。

深田　分かります。私も、大企業の受付に、いかにもという美人が座っている会社は、「あっ、ここでは女の出世はないな」と思います。受付に美人を置いて社員と結婚させようという考えの会社は、働きたい女性のことを考えていないですからね。逆に、20代の女の子がニコニコして仕事してる企業は、「あっ、こんな下っ端の子が楽しそうに伸び伸びやっているということは、社内の人間関係もよくて楽しい会社なんだろうな」と想像しますものね。

森永　雑誌棚を見ると、その会社が堅物かどうかっていうのはすぐ分かります。例えば『週刊東洋経済』、『プレジデント』、『日経ビジネス』、こういうのがバーッと並んでる会社っていうのはガッチガチなんです。そこに『SPA』とか『週刊実話』とかが並んでる会社はゆるーくて、私にとっては快適な会社です（笑）。

深田　そういう見抜き方もあるんですね（笑）。「いろいろな闘い方、教養の身につけ方、そして何が真実なのかということを見極める力は、やはり最終的には個々人で努力して磨いていただきたい」ということですね。

森永　そうです。だから、ちゃんと勉強しましょう。**放っておくと騙されますよ。**

深田　本当に。騙されないように、皆さん、本をたくさん読み比べて、闘っていきましょう！

おわりに《願えば叶う》

深田萌絵

泣き虫で成績も振るわない少女は、学校にも行かずに自宅で読書に明け暮れる日々を過ごしていた。「私には何もできない」。そう言って、ちょっとしたことで泣きだす娘を、母親は「心配しなくても、大人になったら自然と何でもできるようになる。**人生は夢が大事なの**」と諭した。夢なんて叶うんだろうか。戸惑う濡れた睫毛の瞳を見つめて、「**願えば夢は叶う**のよ」と母は言葉をかけ続けた。

少女は、いつか作家になりたいと願った。

大人になり、社会へ一歩足を踏み出した私が見たのは、低賃金、社会保障もロクに整備されていない世界だった。仕事が少ない奈良市民の多くは生駒山を越えて大阪へ出稼ぎに行く。低賃金脱却を目指し非正規から非正規へ職を転々としたが時給は千円に満たず、現代版『あ、野麦峠』の女工だと自嘲したこともあった。森永卓郎さんの著書に出会い、非正規雇用、低年収が既に社会問題だと知り、それを政治的に解決するよう求める言論活動を始めようと思い、早稲田大学政治経済学部に入った。

森永さんの本を読んでから二十数年が過ぎ、気が付けば自分はＩＴ起業家兼作家になっていた。世論に対して政治的問題提起を行なうために、東京駅前にスタジオを作る構想を４年練った。今年の１月、多くの方から新番組開設のための寄付を頂き、格安でオフィスが賃貸に出ているのを発見し、「この値段？　信じられない」と申し込んだが審査に落ちた。ところが、大家さんが「**貴方、深田萌絵さんでしょ。貸してあげるわ。頑張りなさい**」と仰ってくださったのだ。賃貸契約を無事に済ませ、仲間の協力で美しい内装のスタジオが出来上がった様子を見て感動した。その瞬間、「第一回のゲストは絶対に森永さんだ！」と閃き、無謀にも本人に直接出演依頼のメールを出した。仲間たちから「森永先生は余命宣告されているから、出演は難しいのではないか」と言われていたが、森永さんからの返信は「明日午前なら収録可能です」だった。森永さんをゲストに招いた動画はまたたく間に再生回数が70万回に達し、Ｙｏｕｔｕｂｅ番組「政経プラットフォーム」は２カ月で10万人登録を越えた。

そして、かや書房の岩尾社長が森永さんとの共著を持ち掛けてくださり、森永さんに、「好きなことを話してほしい」と依頼した。余命宣告されたなかで貴重な時間を頂いている身として、森永さんが面白いと思うこと、皆さんに知ってもらいたいことを話してもらいたいと思って出来上がったのが本書である。岩尾社長がお声がけくださり、森永さんが出版を快諾してくださったことに感謝したい。そして、番組づくりに協力してくださったボランティアチームと視聴者の皆様に心から感謝を伝えたい。

最近、母に「願えば叶うと教えてくれてありがとう。たくさんの夢が叶ったよ」と御礼を言うと、「**すべての夢が叶うわけじゃない。でも、願わなければ、何一つ叶わないのが夢よ**」と返ってきた。大人になってからの願いは、もっと難しいかもしれないということだ。

いまの夢は「新しい時代」をつくること。

非正規雇用問題、低所得問題を政治的に解決するために、良い日本で生きていくために、まだ出会ったことのない皆さんと共に世論を形成し、政治を変えていきたいと願っている。

こんなことを言うと壮大過ぎて「バカじゃないの」と笑われることもあるけど、そういうときはこう返している。

――人生は、夢が一番大事

森永卓郎

×

深田萌絵

本書はYouTubeサイト「政経プラットホーム」で行われた対談に、
第２章と第４章を書き足し、大幅に加筆したものです。

表紙イラスト●葛城ゆう
四コマ漫画●田辺ヒカリ

政経
プラットホーム

身分社会

2024年10月23日　第1刷発行
2024年11月 2 日　第2刷発行

著　者　森永卓郎×深田萌絵

発行人　岩尾悟志
発行所　株式会社かや書房
〒162-0805
東京都新宿区矢来町113　神楽坂升本ビル３Ｆ
電話　03-5225-3732（営業部）

印刷・製本　中央精版印刷株式会社

ISBN978-4-910364-55-1 C0030